Dedicated to ——————————————————

此書獻給

———————————————— 懂情懂愛的人們

慾望畢卡索

方秀雲 著

藝 術 叢 刊

文史哲出版社印行

國家圖書館出版品預行編目資料

慾望畢卡索 / 方秀雲著 -- 初版 -- 臺北市：
文史哲,民 101.07
　　頁；　公分（藝術叢刊；19）
參考書目：　頁
ISBN 978-986-314-051-1（平裝）

1.畢卡索（Picasso, Pablo, 1881-1973）
2.藝術家　3. 傳記　4. 西班牙

909.9461　　　　　　　　　　　101014810

藝　術　叢　刊　19

慾望畢卡索

著　　者：方　　　秀　　　雲
出 版 者：文　史　哲　出　版　社
http://www.lapen.com.tw
e-mail：lapen@ms74.hinet.net
登記證字號：行政院新聞局版臺業字五三三七號
發 行 人：彭　　　正　　　雄
發 行 所：文　史　哲　出　版　社
印 刷 者：文　史　哲　出　版　社
臺北市羅斯福路一段七十二巷四號
郵政劃撥帳號：一六一八○一七五
電話886-2-23511028・傳真886-2-23965656

定價新臺幣三八○元

中華民國一○一年（2012）七月初版

目　　次

〈我與畢卡索〉　蒙太奇照片
2012 年仲夏

序：慾望的永不止息

一個性格複雜、內心動盪不安的藝術家，跟著他，我的情緒也在那兒不斷的翻滾。

被鞭打的滋味

到底哪一年，我已不清楚了，只記得有一陣子，電視常播一個滿有創意的廣告，一位患了重感冒的女子在美術館裡看畫，猛流淚，猛打噴嚏，在難受的情況下，拿起了手帕擦拭。有趣的是，她當時正凝視牆上的一幅名畫，那邊邊模樣倒像極了畫的內容。雖然只是賣感冒藥的廣告，但我不禁自問，這鏡像代表了什麼意義呢？

那是畢卡索 1937 年的作品，叫〈哭泣的女人〉，主角的眼睛呆滯，又顯得驚慌，一副哭喪的臉，再加上多重的扭曲，簡直受盡了折磨。這樣的畫面，是我對畢卡索的初識。

身為女人，總希望被呵護，被溫柔的對待，但看到這樣的畫面，覺得自己也被冷冷的鞭打，似乎打得遍體鱗傷，當時，老實說，我懷疑他是否有虐待狂呢！

醜陋的代號

　　十年前，我因達利的一幅畫〈十字架上聖約翰的耶穌〉，掉入了一個奇幻的世界，我愛美，愛肉慾的歡愉，愛幾近神性的昇華，這位來自加泰隆尼亞的藝術家比畢卡索小二十三歲，追求的不是現代，反而回歸文藝復興時代的精神，鼓吹歐洲的新藝術。

　　達利與畢卡索之間有一段擦肩而過的因緣。當學生時，達利曾用立體派與拼貼技巧作實驗，但之後畢卡索採用非洲面具與工藝品來創作，因無情的破壞傳統與文明，達利再也忍無可忍，於是投了一篇文章到《牛頭怪》，強烈抨擊畢卡索用殘暴與撕解來製造「醜惡」。

　　為了追求「美」，達利的藝術生涯與西班牙黃金時代的巴洛克結下了不解之緣。「巴洛克」一詞，字面指的是「不規則的珍珠」，珍珠引發的豐盈感，不規則狀的非對比、非均勻、混雜、不合常情、非一成不變等等幻化特徵，多樣的知性交織而成的知識史、藝術史、身體史、文化交流史，那般的恣意，那般的富裕，難怪達利總散發一股迷惑。

　　而畢卡索呢？這位 1881 年出生於馬拉加的畫家，猶如一隻蠻牛，強硬得很，憑藉一股挑戰、震驚與破壞的衝動，創造了所謂現代精神，但在他身上，找不到一丁點美，找到的只有醜陋。

搗亂的恐怖分子

達利說的：「擁有完美，我已找到了美麗之眼！」這句話多年來一直盤旋在我腦海裡。

就於 2004 年，我去了一趟紐約，期間也到現代美術館（MoMA）晃了一圈，當時看見許多畢卡索的作品，不消說，其中〈亞維儂姑娘〉最特別，震撼也夠強，夠大，夠久的了。不過，他對事物撕裂得這麼可怕，簡直一樣也不放過，就連藝術家自己都說此畫是拿來「避邪」。若真如此，那不就得用更邪惡的東西來對抗嗎？

從那刻起，他如恐怖分子一般，丟下一顆不定時炸彈，我隨時擔心爆炸的可能，除了恐懼，還是恐懼，想尖叫又叫不出來，多像孟克的〈吶喊〉，說避而遠之，又怎麼可能呢！我平靜的生活就這樣，被他侵擾了。

野蠻因子的竄入

之後，連帶非洲與原始藝術，只要一被提及，全身就起雞皮疙瘩，這強力的排斥，一直到前年接觸高更時起了變化。據說〈亞維儂姑娘〉完成的前幾年，畢卡索早被高更的作品吸引，也讀了《香香》（Noa Noa）書稿，特別當他看到〈野蠻人〉雕像時，再也難以自拔，彷彿激素的注入，讓他的野蠻因子凸顯，變的更深，更濃了，而我長期對美、對文明之愛也開始動搖。

　　說來，我始終在畢卡索藝術的外緣徘徊，未真正的了解他何等人物，突然去年，有一個聲音，很清楚的告訴我：「那麼，就跟他對抗吧！」所以，我告訴自己，是時候了，該好好跟他面對面，對質一番。

　　剛深入他的藝術時，我好像遊走在一個獸性的世界裡，看到了廝殺、看到了血之色慾，聞到了汗臭與腥味，感受怒氣的四散，充滿報復、嫉妒、空虛、焦慮、背叛……面對這些，我沒有怯退，情境反而像是，趁他不注意時，拿著相機對準焦點猛拍猛拍，或從鑰匙孔那兒透視過去，或躲藏在布幕後面，渴望私探一切，突然間，我變成一個偷窺狂了嗎？或許是吧！我這麼做，不是不願跟他當面對質，而是這般的探索比較刺激，無比興奮，不是嗎？他若有邪氣，那我就來陰的吧！

熾熱的太陽

　　作品的催化劑一直是我對藝術的關注，影響畢卡索創作的因素不少，但最關鍵的當然是他與女人的關係，就如他自己說的：

> 當我愛上一個女人，她可以將我一切撕毀，特別在我的畫作上。

　　所以，深入探索畢卡索與女人之間的情愛糾纏，也是了解畢卡索的一個入口。

　　畢卡索的女人，性格從柔順到暴烈，身材由纖細到豐滿，智力從平庸到絕頂聰明，從妓女到上流社會的女子，每一類型都被他沾上了，其中有九位是他生命中主要的情人兼繆思，藝術家用各樣的技巧與角度來刻畫她們，若攤開他成年以後的所有作品，會發現各個是他風格大轉變的主因。

　　留有一襲紅色長髮的費爾南德·奧利維，與畢卡索在1904年相遇，他們相處的七年，是他從藍色的憂鬱轉向「玫瑰」的時期。伊娃·谷維在1912年走進他的生命，但三年後卻因病過世，美與愛情如曇花一現，留給他無限的愁思，這段期間，他專注「立體派」的實驗。1917年，他在設計芭蕾舞劇時，認識舞者歐嘉·克洛瓦，兩人相戀後，很快的步入禮堂，她是社會名流，崇尚古典，生性浪蕩的他，約有十年，大多配合她的調子，創作一些「新古典」風格的畫。當還處於婚姻狀態，1927年，他開始與瑪麗－德雷莎·華私通，接下來的九年，他線條分外柔順，顏色猶如水果拼盤，形體圓潤豐厚，正是他「甜美」的時期。

　　二次世界大戰爆發之際，他巧遇一位才女寶拉·馬爾，交往八年，她的左翼思想滲入了畢卡索，這時，他的主題總逃不出哭泣、暴力與死亡，也可算是他的「殘暴」階段。戰爭結束，他又認識一名女畫家佛朗桑娃·姬歐，他們的關係維持十年，這時他喜歡畫花，畫植物，彷彿變成一位「草食主義」者。接下來他有一陣子陷入創作的瓶頸，兩名少女吉納薇·拉波特與希薇特·戴微意外的探訪，讓他暫時享受「微笑」與「純真」的快樂。

　　說到這裡，從1904到1954年，23到73歲是畢卡索創

作的高峰期，之後到 91 歲過世前，他依然還畫畫，第二任妻子賈桂琳・洛克陪伴他走完人生的旅程，但他那不服輸的性格，成就了他最後的「戰鬥」時期。

這些女人都曾喚起畢卡索的慾望，但同時，他的存在也占據了她們的生命，就如一位情婦說的：

> 畢卡索本身就是一個太陽，對每個接近他的人來說，
> 他主控點火、燃燒、毀滅，甚至化為灰燼。

數一數，畢卡索的女人，下場大多非常的淒慘，費爾南德潦倒一生，伊娃年輕就死於非命，歐嘉與寶拉變的瘋癲，瑪麗－德雷莎與賈桂琳最終自殺身亡。我覺得這些情節活像希臘神話的伊卡魯斯（Icarus），接近太陽的命運可見一般，跟自焚又有什麼兩樣呢！

男性的貴人

女人是他創作的泉源，這絕不假，但一般人有所不知的，他也非常有男人緣，迷惑不少男性來跟他作伴，這些人在他的生涯扮演有分量的角色，像吉普賽男孩、畫家卡沙傑馬斯與布拉克，詩人賈克伯、阿波利奈爾、保羅・艾華德、布列東、沙巴特，劇作家尚・高克多……在情誼上，難逃他的魔掌。

就舉兩個例子吧！畢卡索 21 歲那年，認識了一名猶太詩人賈克伯，兩人成為好友，後者書寫一首詩，如下：

你相信咖啡渣，
茶杯預示，賭徒的機會：
我相信你眼睛的飛舞。
你相信童話、
夢與幸運，或災難的日子：
我相信你說的謊言。
你相信某尊模糊的神，
一位奇特的聖者在此處保護你，
因如此多的罪，就如此多的禱告。
我相信多彩的時光，
藍與玫瑰，當你的喜悅
透過無眠的夜，將我監禁起來。
在我所有信仰的，我的法則
是如此淵博，如此深邃，如此的真，
我僅能為你而活。

　　賈克伯這首浪漫的情詩，寫給誰呢？那僅是一時的迷戀
嗎？不，這並非短暫，亦非衝動，因為之後他用一生來證明
對畢卡索的愛，是永恆的。
　　另一個例子是尚‧高克多，他寫詩、小說與劇本，也拍
電影，是個全才的藝術家，他曾描述遇見畢卡索那一刻迸出
的火花：

　　　我永遠不會忘記在畢卡索工作室發生的事……他和

> 我眼對眼，我欣賞他的才智，他話很少，我只能緊緊
> 抓住他描述的每件事，我靜靜的傾聽，不遺漏的聽他
> 說每個字，我們沉默很久，別人無法理解我和畢卡索
> 可以這樣無言的看著對方。

　　從那一剎那，高克多對畢卡索的愛持續一輩子，直到死去為止。

　　其實，像這樣愛慕他的男人還不少！畢卡索對他們動之以情了嗎？我想沒有。但他們對他崇拜之深，之後，一個個成了將他捧上天的貴人呢！

　　我問，畢卡索怎麼有如此強的磁性呢？怎麼讓這麼多人效忠他呢？又怎麼呼風喚雨呢？

怎麼也無法平靜

　　原本，我以為畢卡索晚年的創作沒什麼搞頭，但了解這位藝術家到最後，發現事實並非如此，他不斷模擬古典大師的畫，越陷越深，動作就越緊湊，情緒的指數也攀升到最高點，他整個人真的發飆了。

　　有一次，他遇見攝影家布拉塞，一碰面，畢卡索立刻將手伸到口袋裡，好像拿什麼似的，說到這兒，可別擔心，不是拿槍射人，那是他第一個反射動作，想遞一根菸給這位多年的老友，卻摸摸口袋空空的，於是說了：

> 雖然我知道我們再也不抽菸了，年紀逼我們放棄，但

> 那慾望還餘留！就跟做愛一樣，我們現在不再做愛
> 了，但慾望依舊跟著我們。

對我而言，這是一段很動人的告白，我彷彿走進目擊現
場，跟畢卡索面對面，用手深觸他的心，感覺他的呼吸 —— 好
急促，也跳得好厲害。

過去，我偶爾聽到人們用「老不休」這字眼，來形容老
男人起了色心，還隱喻不知羞恥。難道人老了就得退休，就
得平靜，就得停止慾望嗎？我們的大師畢卡索才不信這一
套，只要活在世上的一天，慾望絕不停息，只有如此，細胞
才能活化，好的創作才激盪得出來。

自十九世紀末，西班牙開始了一股強大的勢力，從反教
權發展到反基督教，再拒絕上帝，最後演變成否定神的存在，
巴塞隆納四處混亂不堪，炸彈、空襲、血腥打殺、嚴問拷打、
公共處決……簡直無法無天，到了無政府的狀態。再者，第
一次世界大戰帶來的死傷無數，整個歐洲陷入一場人間的煉
獄，非常悲慘，年輕人與知識分子在此時對傳統的價值發出
了強烈的質疑，開始抨擊上流社會與中產階級推崇的道德、
理性與宗教……種種約束，希望尋找一個烏托邦，首先是達
達主義，之後延伸到超現實主義，探索潛意識、夢幻、自動
性、性愛自由……在那慌亂的世代，許多人急切要找出口，
畢卡索在巴塞隆納，在巴黎，他怎能平靜？平靜不就動彈不
得了嗎？平靜不就走入死胡同了嗎？

永不停息的慾望

就如他的老友薩巴特說的：

> 那是他的優點，讓他變年輕的關鍵，像一條換皮的
> 蛇，每段時期會甩掉舊皮，開始在另一個地方生存，
> 整個人煥然一新。

也因「我變，我變變」的特質，他像一條不斷換皮的蛇，永遠年輕，滑溜溜的，直到現在，就算死了將近四十年，他依然保有那新鮮有趣的面孔，總讓人吃驚。

在那刺激的年代，畢卡索精采的在藝術舞台上，扮演一個開先鋒的角色，就像點燃的火車頭，恆動的驅使，永遠保持最高的能量，與最騷的活力。

如今，我終於明白他為什麼能如帝王般的呼風喚雨，他的魅力，就在於那永不止息的慾望啊！

方秀雲
寫於 2011 年愛丁堡櫻花盛開之際

CHAPTER 1

性格與藝術的醞釀

〈自我肖像──我〉
1901 年　油彩，畫布
74 x 60 公分　私人收藏

1881

　　10 月 25 日，巴布羅‧魯茲‧畢卡索（Pablo Ruiz Picasso）出生於西班牙馬拉加（Málaga），家中長子，父親荷西‧魯茲‧巴拉斯科（Don José Ruiz Blasco，1838-1913）來自西班牙北方的畫家，聖提爾摩（San Telmo）美術工藝學校教畫；母親瑪麗亞‧畢卡索‧洛彼茲（Maria Picasso y López，1855-1939）是安達魯西亞人。

　　11 月 10 日，在聖地牙哥教堂（the Church of Santiago）受洗。

1884（3 歲）

　　12 月 28 日，大妹蘿拉（Lola）出生。

1887（6 歲）

　　10 月 30 日，二妹拉康賽菩沁（Concepción）出生。

1888（7 歲）

　　在馬拉加省立美術學校初始接受繪畫訓練，父親是導師。

1889（8 歲）

　　因鬥牛迷的父親介紹，初識鬥牛儀式。

1891（10 歲）

　　父親找到藝術教師一職，全家搬至拉科魯尼亞（La Coruña）。

　　開始上學。

1892（11 歲）

　　在拉科魯尼亞美術學校學畫，教畫者父親大人。

1893（12 歲）

　　初始為期刊寫文章，兼做插畫。

1894（13 歲）

愛上女孩吉兒。

被父親目睹驚人的繪畫成果，宣佈不再作畫。

1895（14 歲）

1 月 10 日，二妹拉康賽菩沁死於白喉症。

完成社會邊緣人主題的畫，如〈赤腳女子〉、〈加利西亞的老男人〉、〈戴帽的乞丐〉、〈老朝聖者〉與〈一個加利西亞女人的頭〉。

在一家賣布、雨傘、與飾品的商店，舉行第一次個人展。

4-5 月，全家啓行南下馬拉加，在馬德里停留一天，拜訪普拉多（Prado）美術館，對哥雅（Francisco Goya）、委拉斯蓋茲（Diego Velázquez）、與左巴朗（Zurbarán）作品印象深刻，並模仿委拉斯蓋茲的畫，完成兩張素描。

暫待馬拉加，叔叔薩瓦多（Salvador）每日給他零用錢，爲他找一間工作室與模特兒。

9 月，入巴塞隆納美術學校受訓，父親也在此教書。

認識大五歲的畫家曼紐爾（Manuel Pallarès），成知心好友。

1896（15 歲）

建立一間工作室。

模擬牟里羅（Barolomé Esteban Murillo）的兩件聖壇畫。

完成幾幅宗教畫，如〈埃及的聖家〉、〈獻給在天國享福聖母的祭壇〉、與〈初次的聖餐〉。

1897（16 歲）

完成第二幅大油畫：〈科學與慈善〉贏得馬德里全國美

展獎勵，也在馬拉加美術比賽獲取金牌獎章。

被畫家友人約昆・馬提尼茲（Don Joaquim Martínez de la Vega）用香檳酒淋到頭上，象徵正式的畫家。

伯父們湊錢讓他到馬德里求學，入聖法內多學院（Royal Academy of San Fernando）唸書，但冬天輟學。

在普拉多美術館，特別看埃爾・格列柯（El Greco）的作品，並模仿委拉斯蓋茲畫的腓力四世（Philip IV）的肖像畫。

一無所成，叔叔中斷零用錢，父親繼續支持。

活在女人堆

我們的男主角巴布羅・魯茲・畢卡索，原本跟父姓，大家叫他巴布羅，20 歲那年，他開始在作品的角落簽上「畢卡索」，這是母親的姓，從此，他要人們牢牢的記住這個名字。

1881 年 10 月 25 日晚間 11：15，畢卡索在西班牙馬拉加誕生了！他是父母的頭一胎，唯一的兒子，從小活在女人堆裡，除了媽媽，家裡還住有肥肥胖胖的祖母、兩個未婚的嬸嬸與女僕，充滿了母愛，生活在這樣的世界裡，他被寵得像小霸王一樣。

母親很任性，是個固執的人，支配慾非常強，心胸也不夠寬闊，從小灌輸畢卡索一個觀念：不要隨便相信人，什麼事放在心上，不必向別人傾吐。此病態深刻的影響畢卡索一生，儘管如此，她強烈的母性，把精力全投注在小畢卡索身上了。

她傲氣十足，常跟旁人說到這個小寶貝：

> 他是一位天使，同時也是美麗的魔鬼，人只要一看到
> 他，就無法把眼睛轉向別處了。

又私底下跟小畢卡索說：

> 你若當兵的話，肯定成將軍，你若出家修行，肯定當
> 教皇！

這位強悍的母親下了大膽的斷語，我們不但感受到她的
溺愛，而且更預料了他未來的超凡。

在畢卡索身上可找到兩項不凡的特點：一是渾身散發無
窮的魅力；二是才能的出類拔萃。這些在他長大後，都成了
生涯的關鍵利器。

他偶爾畫母親，以剖面的角度，來刻劃她，模樣肥肥胖
胖的，一副執著與奉獻的神情，流露的全是母愛。

天崩地裂

畢卡索 3 歲時，媽媽懷孕了，肚子一天一天的鼓起來，
家人的注意力移轉，小畢卡索發現他的世界倒轉的厲害。

就在媽媽臨盆的前夕，將近聖誕節，馬拉加發生一個大
地震，父親立即趕回來，將家人帶到一位畫師的住處，畢卡
索描述當時的情景：

媽媽頭上包著方巾，我從來沒看過她那模樣，爸爸突然從架上取下帽子，往自己的身上扔，用手臂緊緊的夾住我，帽子摺疊處傷到了我，我的頭只露出一點點。

他察覺家裡人人都在焦慮，緊接沒多久，妹妹蘿拉出世了，大人們口徑一致，告訴他：「未來有人跟你作伴了。」聽了，他快樂嗎？流露幾絲的無奈，他說：

在經歷所有磨難之後，蘿拉出生了。

對他而言，大妹誕生的一刻是「愛被剝奪」的象徵，原本的純真、無憂無慮、向來建立的碉堡在一夕之間崩塌了。

妹妹的出生與大地震是畢卡索人生的第一個記憶。

地震，他跟蘿拉的交戰，影響他的一生，那就為什麼他的作品經常扭扭曲曲的，給人一種多重撞擊，翻來覆去的感覺；還有，缺乏溫暖與柔情，進入他的藝術，我們會被困在一個獸性的天地裡，看到了廝殺、看到了血之色欲、聞到了汗臭與腥味，感受怒氣的四散，充滿報復、嫉妒、空虛、焦慮、背叛……，在畫作上，只要一觸碰到女人的主題，她們像被折磨，被冷酷的鞭打，打到遍體鱗傷，難道，他得虐待狂了嗎？

其實，他在作品中呈現的並非現實中的暴力，而是淺意識的深沉世界。

畫家與國王的混淆

1884 年聖誕節前夕地震的當時，畢卡索全家暫居在一位畫師那裡，此畫師名叫安東尼奧‧穆諾茲‧德格蘭（Antonio Muñoz Degrain），畢卡索的父親對他十分敬重，那時，德格蘭剛好出城不在家，地震後沒多久，他竟回來了。

回來的那一刻，恰巧馬拉加國王阿方索十二世（Alfonso XII）也到現場探視受災的狀況，旗幟四處飄揚，有列車的豪華排場，也有戴高帽的紳士們前來，整個場面為了恭迎國王的來到，畢卡索目睹此情此景，同時，又看見安東尼奧，他驚喜萬分。

對一個 3 歲的小孩來講，他無法辨識這大排場與安東尼奧歸來是無關的，只知道這名畫家一定衣錦還鄉，受到地方寵寵，在他小小的腦袋裡，認為當畫家是一件多麼榮耀的事，畫家與國王被天真的他畫上了等號。

從此，畢卡索對繪畫築起了一個大夢。

地震、大妹的誕生、畫家的歸鄉、與歡迎國王的排場，一連串的事件串起他人生的初始記憶。

記憶的初始代表什麼呢？它象徵人出生後的第一個挑戰，激起的焦慮、不安、與興奮成了對自己認同的開始，未來的心理發展也會因此「原型」而起，對藝術家而言，也持續了往後的視覺感受、主體的探索、與美學態度。

那麼，畢卡索的初次記憶怎麼牽引著他的將來呢？

無私奉獻的藝術導師

據說在 3 歲時，還沒學說話之前，畢卡索就會畫畫，做剪紙藝術了，既然媽媽把心思放在妹妹身上，他心想就只好依賴爸爸，開始看他畫畫，向他學習。

父親荷西‧魯茲‧巴拉斯科在學校教畫，是一位溫和、感性、愛做夢的紳士，自知無望成為大畫家，於是，全心栽培孩子，將所熟悉的繪畫技巧教給小畢卡索，早期搬到馬拉加，然後拉科魯尼亞，最後定居巴塞隆納，畢卡索還很小，荷西擔任教職，處心積慮的安排兒子來上他的課，因愛子心切，他執意親自盯，否則不放心。

一有機會，他一定帶小畢卡索到美術館看大師們的傑作，看西班牙傳統的鬥牛賽，走到那裡，總誇耀兒子的才氣，說來，荷西已將希望寄託在他身上了。

畢卡索日後經常提起父親，說怎麼訓練他畫畫，最常談的是「鴿子」的例子，他說：

> 我父親切掉一隻鴿子的腳，然後釘在板子的一個適當位置，我遵照他的指示，畫腳的細節，直到他滿意為止。

當父親滿意他的素描之後，再要求他用油彩將它移到畫布上。

另外，「手」通常被藝術家認為是人全身上下最難處理的部位，確保畫好，荷西要兒子描繪自己的手，直到鮮活、

細膩、有表情，甚至還能說話一般才肯罷休。儼然，鴿子的
腳與藝術家的手成爲畢卡索小時候繪畫訓練的焦點。

　　成年之後，他坦承的說出一切得歸功於「鴿子的腳」：

　　　　當我 15 歲，已經可以畫臉，畫人物，甚至有能力完
　　　　成大構圖的作品，時常不需要模特兒，爲什麼呢？理
　　　　由很簡單，我以前不斷練習畫鴿子的腳，現在若要捕
　　　　捉線條，甚至營造裸女的神祕氛圍，對我簡直輕而易
　　　　舉。

　　當他出名，想到父親，總懷著無限的感激，他們的關係
豈不是嚴師出高徒的最佳典範嗎！

初期的畫作

　　畢卡索有生以來的第一幅畫是馬拉加港口和燈塔；又他
的第一件油畫內容是一位騎馬的鬥牛士；而第一張模擬素描則
是〈模擬拿棍棒的赫克力士〉，這些都在他 8、9 歲時完成的。

　　接下來，約 13 歲，他針對社會邊緣人爲主題，畫下一些
作品，同情年老、貧窮、被社會拋棄的人，特別強調那一張
張滄桑與憔悴的臉。

　　另外，14 歲那年，他完成幾幅有宗教涵意的巨畫，其中
一幅〈初次的聖餐〉在巴塞隆納美術館一亮相時，《巴塞隆
納日誌》立即讚嘆：

它是一件新手的作品，但我們能觸摸到主角們的某特
殊感覺，有些輪廓，處理的很穩，已具有大匠之風。

從內容、主題、細節，甚至人物們的姿態與情緒，我們
觀察他對童稚味一點也沒興趣，可見那份早熟。為此，畢卡
索自豪的說：

我從未畫過幼稚的畫，甚至我當小男孩時，畫的全是
成熟之作。

畢卡索的技法純熟，難怪被標榜成一位罕見的天才兒
童，此話一點也不假。

一切來的那麼自然，他注定是當藝術大師的命。

初戀的挫敗

畢卡索是位早熟的男孩，不到 13 歲就暗戀一個女孩，名
叫安瑞絲‧門德‧基爾，來自一個貴族世家，當時，他在自
己的課本上寫下一個字樣，將兩人名字的縮寫拼一起，用
「AP」或「APR」表示，意指「安瑞絲‧巴布羅」或「安瑞
絲‧巴布羅‧魯茲」，可看出他對與她聯姻的渴望。

安瑞絲和畢卡索這對年少情侶有頻繁的魚雁往來，私通
款曲，似乎發展到幾近山盟海誓，然而，就在此時，女方的
父母介入，認為畢卡索的出生普通，兩家的社會地位懸殊過
大，立即將安瑞絲送往另一個城市，斷了男方的癡情夢。

　　此次的初戀失敗，深深刺痛了他，更落得他自信心大挫，從此，難有柔情，對愛情起了疑心。

　　於是，畢卡索築起一道防線，在他愛情的字典裡，根本找不到「唯一」這個詞彙，往後習慣腳踏好幾條船，這完全因對愛不信任使然的。

響應那冥冥中的召喚

　　1895 年，13 歲的畢卡索經歷了兩件驚天動地之事……

　　畢加索不喜歡大妹蘿拉，她的存在勾起痛苦的源頭，但對於二妹拉康賽菩沁，他卻有另一番解讀，她出生時，畢加索已 6 歲了，心想她來到這世上是跟他作伴的，淺意識認為兩人可以團結一條心對抗大妹呢！

　　拉康賽菩沁有一襲金色的捲髮與迷人的笑容，打從心裡疼愛，但還長不到 8 歲，病魔纏身，他眼睜睜的看她受苦，多想將畫筆變成一枝魔術棒，守衛她，嚴禁死神的靠近。

　　漸漸的，他了解希望渺茫，就在極度悲痛之下，決定跟上帝定立一個顫慄的契約：如果二妹恢復健康，他將放棄畫畫。也就說畢卡索願意用他的愛來換取妹妹的性命。

　　然而，1895 年 1 月 10 日，妹妹真的走了，死於白喉症，從這刻起，他便認定上帝是一個惡魔，要用一生來對抗，他不再相信神了。

　　妹妹之死讓他十分困惑，他愛的人怎麼離他遠去呢？為了給予合理的解答，他用原始的巫術信仰來看待此事，想像小妹妹的死是她走上祭壇犧牲生命來造就他的未來，成為一

名畫界巨匠。

　　妹妹死後不久，還發生另一件震撼的事，父親將畫筆與顏料遞給畢卡索，發誓再也不畫畫了。荷西不僅身為畫家，更是蒙師，如今面對兒子的驚人天份，只有生畏，進而頂禮退讓。

　　對於父親的異常行徑，畢卡索解讀成：親人將一生至愛的繪畫供奉在祭壇上，犧牲自我，全為兒子的前途與藝術生涯做條件交換。

　　一是二妹拉康賽菩沁的死去；二是父親放棄作畫，因這兩件事，畢卡索對自個兒的「天命所歸」深信不疑。

　　值得一提，往後在淺意識中，他的情人變成拉康賽菩沁的化身，他作品常會觸及米諾圖強暴少女的主題，此說明什麼呢？畢卡索代表希臘羅馬傳說的米諾圖，情人扮演獻祭的女子，無怨無悔在那兒，被畫、被宰割、被吞食，最終在他藝術的祭獻臺上流血犧牲。

CHAPTER 2

邁向自由之路

〈飲苦艾酒的人〉
1901 年　油彩，紙板
65.5 x 51　公分　私人收藏

1898（17 歲）

患猩紅熱（胸膜炎或淋病），回巴塞隆納。

到奧爾塔（Horta de Ebro）村休養八個月。

1899（18 歲）

2 月，回巴塞隆納。

拜訪「四隻貓」（Els Quatre Gats）酒館，認識雕刻家于格（Hugué）與迪索托兩兄弟（The Brothers Mateu and Angel Fernandez de Soto）、詩人薩巴特（Jaume Sabartés）、畫家卡沙傑馬斯（Carlos Casagemas）、榮耶-維達爾（Sebastià Junyer-Vidal）、諾內利（Isidre Nonell），與蘇尼埃爾（Joaquim Sunyer）。

研究史坦倫（Théophile Steinlen）與羅特列克（Toulouse-Lautrec）的插畫。

做插畫與蝕刻畫。

開始「黑色時期」畫風：主題跟死亡有關，如〈死亡之吻〉、〈死亡的哭泣〉、〈兩個巨痛者〉、〈在露意莎墳墓前〉、〈神父訪問死者〉與〈死的存在〉。

1900（19 歲）

與畫家卡沙傑馬斯分享工作室（位於 17 career Riera de San Juan）。

2 月與 7 月，「四隻貓」酒館各有畫展（前面那場 150 張繪圖，調性有死亡的陰影；後面那場，較陽光性）。

他的〈最後一刻〉在巴黎世界博覽會亮相，代表西班牙畫作之一。

十月初，與卡沙傑馬斯到巴黎，一起租下蒙馬特

（Montmartre）的工作室，以街道、酒館、羅浮宮、大宮、小宮、倉庫、咖啡館、戲院、音樂廳、戰神廣場爲家。

目睹塞尚（Paul Cézanne）、羅特列克、竇加（Edgar Degas）、伯納德（Pierre Bonnard）……等人作品。

跟畫商莫納克（Pedro Mañach）合作。

三張「鬥牛」畫由經紀商威爾（Berthe Weill）（畫廊位於 25 rue Victor-Masse）買去。

完成第一張巴黎畫〈煎餅磨坊〉。

12 月，與卡沙傑馬斯一起到巴塞隆納與馬拉加。

1901（20 歲）

2 月 17 日，在巴黎，卡沙傑馬斯拿手槍自殺。

回馬德里，擔任《青年藝術》（Arte Joven）編輯。

6 月，二度搬至巴黎，設立工作室（位於 130 Bouvevard de Clichy），此爲卡沙傑馬斯生前的工作室，隔壁 L'Hippodrome 餐廳是自殺現場。

在沃拉爾（Ambroise Vollard）畫廊的第一次展覽，開幕前賣出 15 張，媒體刊登不少評論，其中，象徵派詩人法格思（Félicien Fagus）在《白色評論》（La Revue Blanche）描述畢卡索是「一位很棒的藝術家，性格根植於魯莽與年輕的自發。」

夏天，專注靜物、康康舞、小孩、與仕女的主題。

開始在作品簽上「畢卡索」（母親之名）。

完成名畫〈喝苦艾酒的人〉。

開始「藍色時期」畫風：貧窮、老年與孤獨是作品的基調；色屬藍與綠。

1902（21 歲）

　　1 月，看到雕塑家寶瑞歐（Paco Durio）用紅黏土複製高更（Paul Gauguin）淺浮雕，並上釉，驚奇萬分，一直談高更。

　　跟畫商莫納克中斷合作關係。

　　回巴塞隆納，跟父母住在一起。

　　愛看切利托（La Chelito）的脫衣秀，猛畫誘姿。

　　10 月，第二度回到巴黎，過有一餐沒一餐的日子。

　　與詩人賈克伯（Max Jacob）住在一起（先在 137 boulevard Voltaire，之後搬到 35 boulevard Barbes）。

　　沒錢買油彩畫布，專心用鉛筆畫畫。

　　在威爾畫廊展「藍色」時期作品，一張也沒賣出去，畫冊的序讚美畢卡索有「*不懈怠的活力去觀察，去表現每件事*」。

　　與莫里斯（Charles Morice）見面，被介紹讀高更的手稿《香香》。

　　思想變的虛無，有一晚，與賈克伯在五樓陽臺上，兩人突然閃過結束生命的念頭，不過僅一瞬間。

1903（22 歲）

　　整理所有藍色時期作品，寄放友人彼丘（Ramón Pichot）那兒。

　　回巴塞隆納，之後十四個月，一共完成 50 件作品，主題除了友人、農夫與年輕女子，大多悲慘的寫照，情調充滿憂傷。

　　5 月，完成名畫〈生命〉。

　　12 月，有獨立的工作室，第一次有自己的鑰匙，沒人可

掌控他。

解脫父權

　　十九與二十世紀的交接，西班牙衝出了一股強大勢力，從反教權發展到反基督教，再拒絕上帝，最後演變否定神的存在，巴塞隆納四處混亂不堪，炸彈、空襲、血腥打殺、嚴問烤打、公共處決……等等，幾近無政府的狀態。

　　在追求知性的年齡，畢卡索不可能無視於社會的動盪，他跟時代綁在一起，他的內心也隨著翻滾。宗教重視道德紀律，遵循上帝，死後上天堂是人間唯一的救贖與出口，此種說法毫無說服力，又怎能夠滿足他呢？於是，他想盡辦法突破桎梏，拋開傳統，選擇在無理性之路上遊走。

　　說來，畢卡索的母親知識不足，但對他的溺愛沒話講，甚至到了盲目的地步；父親雖然相信孩子有天份，但用嚴厲的態度教導，認為事物有好壞之分，藝術亦然，時常評鑑兒子的作品，根據他認定的優劣，在上面標分，這時，畢卡索想尋找自由，已不想被約束了，一過了青少年，他決定離家出走。

　　他不僅對抗政府與宗教，也開始反抗父親，竟跟他公然作對。正如佛洛伊德描述的：「**對抗父親的威嚴，然後超越過來的人，就是英雄。**」

　　20歲那年，在作品上，他只簽上母親的名「畢卡索」，不再簽父名，宣言似的，從此遺棄父權。

從歃血同盟，拾回本性

畢卡索的第一位好友大他五歲，名叫曼紐爾，是他 14 歲在巴塞隆納美術學校唸書時認識的畫家，之後兩人共住一間工作室，分享生活的點點滴滴，包括作畫、搗蛋、爬到屋頂上向路人丟石頭、上妓院……等等，無話不談的知己。

1898 年春天，畢卡索得到猩紅熱，沒多久，畫下一張自畫像〈迷惑的畢卡索〉，在這裡，他顴骨深陷，顯得憔悴不堪，眼神說明對未來的焦慮與不確定。接著，他和曼紐爾一起到奧爾塔村，在這山上休養了八個月，專注畫風景、牧羊人、動物、與農夫，這段成了他了解自我的關鍵期。

兩人在奧爾塔遇見一位吉普賽男孩，他也喜歡畫畫，比畢卡索小兩歲，三個人混在一起，待在一個山洞裡，住了約一個月，過的像原始人的生活，與大自然為伍，每晚用茅草鋪床睡覺，生火取暖。

然而，這期間，一段愛情的火花點燃了。

吉普賽男孩教畢卡索怎麼辨識各種禽鳥的叫聲與天上的星星，及那背後的意義，就這樣，兩人變的親密，這吉普賽男孩不但取代曼紐爾的地位，更將畢卡索的心整個掠奪走了。對於來自城市的畢卡索而言，吉普賽男孩象徵無拘無束、自由自在，與神秘的魔力，與他彷彿置身在天堂裡。

兩人用一個古老的儀式來紀念之間膠著的友情，用小刀割腕，將流出的鮮血交融一起。但很快的，吉普賽男孩察覺畢卡索有一天終究得離開，發出了悲涼無奈的警訊，說：「我

實在太愛你了，但我們畢竟不同，必需要分開，否則我會殺
掉你。」

他們愛的如此深切，但又如此沉重，最後，吉普賽男孩
不道而別，沒有他的日子，畢卡索的世外桃源消失了，往後
的一生，奧爾塔村成了他渴望尋回的「失樂園」。

畢加索在多年後說：

　　我在奧爾塔學到了一切。

他和這位吉普賽男孩的相遇，溶化的情愛，構成他人生
的轉捩點。他了解自己患上厭學症，無法專心，無法讀書，
無法寫個像樣的句子，生性愛浪蕩，愛叛逆，一點也不喜歡
禮俗，原來他骨子騷動著吉普賽的性格。

在奧爾塔，他拾回了自己的本性。

四隻黑貓的窺視

畢卡索從奧爾塔回來之後，人變的消散，鬱鬱寡歡，時
常來「四隻貓」酒館閒晃。

這酒館先由米格爾‧烏特里洛（Miguel Utrillo）構想出
來，是一家為北方人所開的店，哥德式風，他在 1899 年創辦
《普羅瑪》（Pel i Ploma），之後成為巴塞隆納最具影響力
的期刊。「四隻貓」這名字從何而來呢？可能源自於兩處，
一是他曾經在巴黎一家叫「黑貓」的酒館打過工；另一，加
泰羅尼亞有一句諺語：「只剩我們四隻貓。」言外之意，僅

剩下幾個傢夥了。

在這裡，大家以煙酒為伍，也穿插一些表演，每個人可以丟問題，大家共同切磋，談的大多跟尼釆的哲學、無神論、虛無悲觀、無政府主義、加泰羅尼亞獨立、現代藝術運動……等等話題，相當激進，也深具毀滅性。

在「四隻貓」酒館，畢卡索與一些藝術家、詩人們熟識，裡面包括雕刻家于格與迪索托兩兄弟、詩人薩巴特、畫家卡沙傑馬斯、榮耶-維達爾、諾內利、蘇尼埃爾……等等。這些人一起成為好友，感情黏密如難兄難弟。

因著虛無與悲觀主義的影響，他創作一系列的畫，主題跟死亡連上線，「黑色」畫風從此吹起。

不過，在這段時期，他也專心的模擬諾內利與魯西諾爾（Rusiñol）的作品，受到法國新藝術（Art Nouveau）與英國的前拉斐爾（Pre-Raphaelites）的影響，同時仔細的研究幾位名家的插畫，譬如史坦倫與羅特列克，造就他作品中的風花雪月與亮麗的色彩，畫面不致於黑漆漆的。

畢卡索在此酒店駐足好一段歲月，漸漸的與那兒的人疏遠，據他說，他們講太多的靈魂，沒有形式，書寫的很爛，畫也愚蠢，實在無法久留巴塞隆納，於是背起行囊遠走高飛了。

虛空，一切都是空

畢卡索喜愛羅特列克作品，明白巴黎正點燃著現代藝術，興起了直奔法國的念頭。

　　若要不靠父母的資助，他得經濟獨立，剛到巴黎，人生地不熟的，無力單飛，幸好有一位畫家卡沙傑馬斯，願意跟畢卡索分享工作室，他們找到 17 career Riera de San Juan 房間住了下來。卡沙傑馬斯來自一個富裕的家庭，比畢卡索大一歲，不但財務上協助他，也在他落魄之時伸出了一雙友誼的手。

　　卡沙傑馬斯長得俊美，紳士模樣，卻寡歡鬱鬱，他與畢卡索在巴黎街頭，目賭情人們相擁，在夜總會裡見到女子們的性感穿著，火辣辣的跳起舞來，使他們驚訝萬分，當然，也無比興奮，因為這些都不可能在保守的西班牙社會中看的到。

　　卡沙傑馬斯崇尚精神，與柏拉圖式的愛情，畢卡索呢？卻眷戀肉體的歡愉，嘗試引卡沙傑馬斯到妓院去尋歡作樂，然而問題是，每次走到門口就停住，畢卡索甚至把自己心愛的妓女蘿絲塔（Rosita）介紹給他，但他一點興趣也沒，面對此景況，畢卡索還畫下一幅〈畢卡索引見卡沙傑馬斯給蘿絲塔〉。

　　另外，卡沙傑馬斯喜歡到墓園，有一回他們一同去，他建議為畢卡索畫一張肖像，叫他在前面擺姿，但過了多時，畢卡索起身走向卡沙傑馬斯，看看畫得怎樣，結果發現一筆也沒動，畫紙上一片空白，此反映了什麼呢？卡沙傑馬斯對人生的蒼白，腦子裡裝的全是虛無主義的思想，一切空空如也。

　　不論如何，畢卡索珍惜這段情誼，然而不幸的，1901 年 2 月 17 日，卡沙傑馬斯在巴黎竟拿手槍自殺了，初始，他不

相信友人已死，直到好幾個月過了，夏天來臨之時，才醒悟他真的走了，永遠不回來了，從此進入他繪畫的藍色時期，他說：

　　當我了解卡沙傑馬斯已經死了，我開始用藍來畫畫。

　　對畢卡索而言，「了解」是需要一段長時間的觀察與感知，卡沙傑馬斯死後許久，才知道與他如此貼近，接下來三年的藍色時期，他等於在為這位親密好友服喪。

藍色的醫治

　　1902 年，威爾畫廊展出畢卡索的「藍色」畫作，結果，一張也沒賣出去。

　　在這展覽的畫冊的序裡，寫著畢卡索有「不懈怠的活力去看，去表現每樣事」。另外，藝評家莫里斯在《法國水星》（Le Mercure de France）也為此畫撰寫一篇評論，內容是這樣的：

　　卓越的。這貧脊的憂傷將這年輕人的創作整個壓了下來，他創作無數，畢卡索在能讀之前就能畫畫了，此代表他肩負一個使命，即是用畫刷表現一切，他似乎是個年輕的神，嘗試去關注這世界，儼然是一位黑暗之神。

　　畢卡索畫的臉幾近歪扭，表情痛苦，沒有任何笑容，他的圖像被莫里斯形容爲「沒有比痲瘋病人住的地方更好」，他還說：

> 他的畫本身就是病，可以醫治嗎？我未知，但確定的是那兒有一份堅定，有一份天份，有一份才氣。

　　沒錯，儘管畫作佈滿了藍藍的憂鬱，他苦、他傷心，卻沒有失志，藉由「病畫」，畢卡索隱約的表現一份堅定的心志與生命的韌性，在那兒，強力要衝破表層的藍，然而，畫的背後，醞釀著什麼呢？溫溫的，一股能量要釋放了，熾熱之火快爆發出來了。

CHAPTER 3

儲蓄能量，再爆發

〈球上的雜技演員〉
1905 年　樹膠水彩，紙板
147 x 95　公分
莫斯科，普希金美術館

1904（23 歲）

　　4 月，最後一次搬回巴黎，在「洗濯船」（Bateau-Lavoir）（位於 13 Rue Ravignan，待到 1909 年）設立一間工作室。

　　8 月 4 日，與費爾南德·奧利維（Fernade Oliver，1904-1912）相遇，情人關係維繫七年之久。

　　做蝕刻畫〈儉樸的一餐〉。

　　經常拜訪梅德拉諾馬戲團（Circus Médrano）與狡兔酒吧（Lapin Agile）。

　　遇見紀堯姆·阿波利奈爾（Guillaume Apollinaire）。

　　結束「藍色時期」畫風。

1905（24 歲）

　　認識收藏家里歐·史坦（Leo Stein）與葛楚德·史坦（Gertrude Stein）。

　　春天，獨立沙龍有梵谷與秀拉（George Seurat）的回顧展。

　　常畫馬戲團主題，譬如名畫〈賣藝人家〉。

　　開始「玫瑰時期」畫風。

　　夏天，到荷蘭渡假。

　　完成第一批雕塑。

　　完成《雜技演員》此系列蝕刻作品。

　　秋季沙龍，陳列野獸派、安格爾（Jean Auguste Dominique Ingres）、馬奈（Édouard Manet）、塞尚、與亨利·盧梭（Henri Rousseau）的作品。

1906（25 歲）

　　到羅浮宮看伊比利亞（Iberian）雕塑展，印象深刻。

　　春天，獨立沙龍展出高更與夏凡納（Puvis de Chavannes）

的作品。

　　認識藝術家馬提斯（Henri Matisse）與德朗（André Derain）及畫商康懷勒（Daniel-Henry Kahnweiler）。

　　4 月，大部份「玫瑰」作品被沃拉爾買走，第一次感到能自由創作，不再有經濟壓力。

　　5 月，帶女友費爾南德去看父母，到加泰羅尼亞（Catalonia）北方的加索爾（Gósol），完成多張名畫，像〈梳妝〉、〈後宮〉……等等。

　　受伊比利亞的雕塑影響，完成名畫〈葛楚德‧史坦的肖像〉與〈有調色盤的自畫像〉。

　　10 月 23 日，塞尚過世。

1907（26 歲）

　　在博物館中看見非洲雕塑。

　　7 月，完成名畫〈亞維儂的姑娘〉（1916 年才公開亮相），預示立體派的來臨。

　　開始「黑人時期」階段。

　　遇見布拉克（Georges Braque）。

　　秋季藝術沙龍陳列塞尚的回顧展。

搖晃的洗濯船

　　畢卡索 1904 年 4 月住進蒙馬特 13 Rue Ravignan 的工作室，這是一個破爛的建築，樣子長得像塞納河的船屋，過去女子們經常在此沖洗衣物，賈克伯為它取了名字，叫「洗濯船」。

　　洗濯船是專給一群落難藝術家住的地方，雷諾瓦（Pierre-Auguste Renoir）、莫福拉（Maxime Maufra）、保羅・福特（Paul Fort）……等人在這兒待過，此建築結構很不尋常，裡面共 24 間工作室，入口設在頂樓，人一進去，就得往下走，有密道、隱秘樓梯、屋頂上的活門，還有吱吱作響的地板，有趣的是，根據傳說，還設有地窖，是專給妒嫉與憤怒的情婦或妻子尖叫吵鬧的地方。

　　這兒沒什麼隔音設備，只要一驚動，住在這兒的人都聽的到，畢卡索養了兩隻狗，一個叫 Gat，是狐狸狗；另一個叫 Fricka，是雜種狗，也養一隻白老鼠，他愛抽煙，抽完就往下丟，房間弄的到處是煙蒂。仲夏來時，畢卡索喜歡把門打開，沒穿衣服，只圍上遮下體的腰布，站在畫板前，這樣露給人看，此也成了蒙馬特的特殊景象呢！

　　在這兒，他待了五年，藝術生涯往上竄時，他就搬往別處。

　　三十五年後，當畢卡索 63 歲，已是人人稱羨的大師，他帶著愛人佛朗桑娃・姬歐經過洗濯船時，衝動的跑進去，不禁傷感了起來，說：

> 我從來就沒有想要離開這個地方，那是我掙扎的階段，但在掙扎裡，卻有著意義與希望，每件事似乎是可能的，甚至是幸福的。

　　可見，這初始奮鬥的地方對他的意義有多深啊！

愉悅的玫瑰

　　1904 年，8 月 4 日下午，突然一陣暴風雨，畢卡索手裡抱著一隻小貓咪，全身濕答答的，正走回工作室，就於當時，眼前出現一位美女想衝進洗濯船，他便立即往前擋住，把貓咪推向她懷裡。

　　此舉是他初次向她打招呼的禮數！結果，兩人笑了起來，接著，他邀她到他的工作室。

　　這位女子是誰呢？她，費爾南德・奧利維，本名費爾南德・貝爾維利（Fernande Bellevallée）。談到這一見鍾情，費爾南德說：

> 初遇當刻，他的表達相當古怪，立即引人注意，我倒不覺得他有特別魅惑……但他容光煥發，一種內在的火在燃燒，人一下子可感受出來，他散發了磁性，讓我無法招架。

　　當天，他們是否做愛，很難講，不過倒有一張畢卡索的素描，畫他們交歡的模樣，兩人全裸，他壓在她的身上，她手臂傾斜，摟住他，一襲蓬鬆的黑髮，閉起眼睛，鼻子與嘴唇貼近了他，她肥胖的大腿被他用手撐住，兩人的腳盤互壓，最後身體呈對角線的釋放，整個看來，他們已溶為一體，完全沉醉於彼此了，此圖是那當月完成的，從這溫熱與浪漫，畢卡索了解，他們的性愛絕不屬於一夜情，而是更長久的維

繫。

費爾南德 1881 年出生於馬拉加，兩人同歲，也來自同鄉，這對畢卡索是重要的，雖然他已三度來巴黎，但總喜歡與西班牙人相混，需要某種家鄉的熟悉感。

她的父母是帽商，猶太人，費爾南德 17 歲跟一名男子相好，生了一個兒子，22 歲與他結婚，不久後，丈夫跟兒子突然不見蹤影，之後，她嫁給雕塑家德拉邦（Gaston de Labaume），很快又成了寡婦，以德拉邦夫人之名單獨的住在洗濯船裡，認識畢卡索後，將姓改爲奧利維。

那年秋天，兩人開始同居，沒多久，他畫了一張〈沉思〉，他坐在右邊，一手依著桌子，另一手撐住下巴，眼睛直視熟睡的情人，他身上穿的藍藍衣褲，表示還殘存一些藍色時期的憂鬱，然而，右側情人睡的多麼甜美，淺淺的微笑，讓四周渲染了紅，也預示了玫瑰時期的來臨，這張畫表現的正是從藍到玫瑰的過渡。

因費爾南德的存在，藝術家搖身一變，變的像一個真正的男人，不再是逛妓女院的浪子，他的世界有了歡樂。

不過，畢卡索是一個愛妒嫉的人，因她特殊的美，怕一出去被其他男人看上，所以不准她外出，在這方面，她倒沒有任何的抱怨，表示只要有一些茶、一些書與一張睡椅，她就滿足了，再說，也不用做什麼家事，與畢卡索在一起的時光，她說：我很懶，但非常非常的快樂。

相處期間，她漸漸的透視畢卡索的黑暗面，說道：

這個悲傷與挖苦的男人，有時候似疑病患者，找不到

撫慰，卻只想在工作裡，或愛的工作上尋求遺忘，因
為他內心藏有一個巨大的傷痛。

相戀七年，費爾南德成為他藝術主要的謬思，她以不同
的形象與姿態出現，像梳妝、看顧小孩的母親、躺臥、沐浴……
等等，不論如何，玫瑰色調是她的渲染。

她溫柔的存在，掃去他憂鬱的藍，觸發了他的潛能，點
燃他的創作力。接下來，更有一波來勢洶洶 —— 黑人時期與
立體派的實驗。

雜技演員

介於 1904 與 1905 年，他畫一系列馬戲團的雜技演員，
所謂藍色時期是他 20 到 23 歲之間的創作，馬戲團的主題算
是從藍到玫瑰的過渡。

剛好在這階段，有一次聚會，他認識一位詩人兼藝評家
阿波利奈爾，當他看到畢卡索的作品，二話不說，便提筆為
他寫評論。

說到阿波利奈爾，他是第一位具有前衛精神與實驗技巧
的現代歐洲詩人，參與過二十世紀初法國所有的前衛文學運
動，他將繪畫技巧引入詩歌創作，發明圖象詩，持續的被後
人討論、模仿、與學習。寫詩，寫小說之外，阿波利奈爾還
出版不少的色情書，不但發明荒謬劇，也是研究立體派的專
家，他 1913 年的非小說《立體派畫家》就是一部經典之作。

畢卡索過去為社會低下階層做的畫，被人拒絕，不僅畫

商與收藏家，甚至一些藝評家也搖搖頭，落得他痛苦不堪，
然而，阿波利奈爾的態度迥異，他在一篇散文中提到：

> 這些小孩，沒人疼愛，卻了解世事，這些女人，現在
> 沒人愛撫，卻牢記發生的事，他們縮回到影子裡，彷
> 彿走入古老的教堂，消失在白日，透過沈默，已經有
> 了安慰，老男人被冰霧包裹，站著不動，但在沒有失
> 尊下，依然有乞討的權力。

　　畫裡小孩、女人、老男人雖然無助，卻表現了尊嚴，活
生生的注入人道精神，阿波利奈爾驚嘆他的獨思，而畢卡索認
為唯有此人讀得懂他，心想找到了知已。

　　這名詩人不但欣賞畫家的藍調，也非常喜愛他的馬戲團
雜耍人物，他說：

> 人們可以感受到他纖瘦的雜耍演員，他們穿上碎布拼
> 湊的衣物，顯得鮮艷奪目，是真正的人子：變化無常、
> 靈巧詭詐、聰明伶俐、一貧如洗、說謊。

　　畢卡索早期的畫作，內容呈現他那段少年不識愁滋味與
哀傷情調，但阿波利奈爾即時出現，肯定了他的美學觀，讓
他在藝術生涯裡建立起無窮的信心。

唯一的女性朋友

　　對畢卡索而言，跟女人相處，只有一種，那就是情人，

但唯獨一個女人，他可以相處不錯之外，更能稱兄道弟，她是誰呢？

她，知名的美國作家與思想家葛楚德・史坦，談起她，他說：**她是我唯一的女性朋友。**

葛楚德比男人更男性化，不論她的臉、身體、聲音，及走路的樣子如此，性情剛強，雖長得矮矮胖胖，但有一副貴族氣，有俊美的頭，與一雙聰慧與專注的眼神。她來自一個顯赫的家庭，已完成醫學訓練，因叛逆與獨立的性格驅駛，不想受限，只想自由自在的生活，於是她與愛藝術的哥哥里歐一同來到法國，兩人一入巴黎，立即被視爲當代藝術界的雙巨人。

1905 年，畢卡索第一次遇見這對兄妹，是在沙格特（Clovis Sagot）畫廊，他問老闆：

那位女士是這誰？問問她是否願意爲我擺姿？

他在一旁靜靜等待，葛楚德跟沙格特表示她不喜歡畢卡索畫的〈提一籃花的少女〉，還批評女主角的腳應該切掉，留下頭即可。說歸說，她之後還收藏這幅畫呢！

1906 年，畢卡索的主題明顯的改變，畫一些裸男與馬匹，像〈裸男牽著一匹馬〉、〈從後看的騎士〉、〈馬背上的裸男〉……等等，突然間女人的形象在畫中消失了，的確，他不斷的讚頌男孩的美，在這短暫期間，是中男童癖了呢？還是因葛楚德的出現，使他對男女同體產生了迷惑呢？那就不得而知了。

當然，她越來越嗅到畢卡索的動物味，察覺他能捕捉當代的精神，之後准許讓他畫她，也願意每天到他的工作室擺姿，共 80 次以上，直到有一天他告訴她：

當我看這畫，裡面再也看不到妳了。

這樣的感覺最對，他知道該停筆了。當這張佈滿棕色調性的〈葛楚德・史坦的肖像〉交出來時，她非常滿意。許多人說畫的一點不像本人，畢卡索自知自明，表示：

像與不像都是一樣的，將來她會像畫那樣。

這幅肖像，她的臉蓋上一個面具，屬於非洲的，之後，畫家慢慢的醞釀，過了幾個月，一張震驚之作〈亞維儂的姑娘〉出世了。

從〈葛楚德・史坦的肖像〉，一個野蠻風格的展現，預示了新主義的來臨。

錢幣的正反兩面

1900 年，畢卡索與馬提斯的作品平起平坐的在威爾畫廊一同展示，當時兩位畫家還未照面，約 1906 年，他們才在史坦的家碰到，從那刻起情誼逐漸滋長，畫的主題時而交錯影響，一生的牽繫從沒斷過。

費爾南德說：畢卡索通常表現的陰鬱與拘謹，馬提斯散

發光芒，讓人印象深刻。佛朗桑娃・姬歐（Françoise Gilot，1921- ）（畢卡索 1944-1953 年間的情婦）說這兩個畫家的關係像：

> 紅綠互補，黑白相斥。他們是錢幣正反兩面，磁性的畢卡索與高電壓電力的馬提斯一拍即合，有他們在的地方，立即創造非凡的威力。

馬提斯描述自己與畢卡索：相差十萬八千里，一個來自北極，一個來自南極。

說來兩人之間，靠的並非物以類聚，而是「相互對質」。出生 1869 年的馬提斯，比畢卡索年長十二歲，法國北方人，畢卡索是西班牙南方人，馬提斯起步較晚，當時的他剛通過律師執照考試，正在一家律師事務所上班，做著「正當像樣」或「別人期待」的工作，20 歲才學畫；畢卡索情況不同，獲得父親百分之百的支持，是個天之驕子，家人的鼓勵，加上他天資聰穎，是繪畫進步神速的泉源。

還有，對生活的態度，他們差異極大，有次，馬提斯邀畢卡索到家做客，他立即牽出一匹馬，期盼貴賓享受騎馬的樂趣，畢卡索卻抱怨馬提斯的皇家氣習太重。其實，無論在生命或藝術裡，馬提斯嘗試尋找寧靜，他說：

> 我有一種宗教感，我夢想的是均衡、純然、與平靜的藝術，擺脫騷動或不安的主題，總之，是愉悅的體現。

其實，他對畢卡索的叛逆、生活靡爛，及揮霍無度敬而遠之。

不像馬提斯往精神之路發展，畢卡索靠的是一股去挑戰、去震驚，與去破壞的衝動，如一座衝突、混亂、質疑與焦慮的地震儀。說來，此符合了現代的動盪精神，不是嗎？

識貨的經紀商

1906 年 4 月，有一天，阿波利奈爾帶著畫商沃拉爾來到「洗濯船」，一進入畢卡索工作室，二話不說，沃拉爾決定帶走 30 張玫瑰時期的畫作，離去時，留下 2,000 法朗，還用馬車來載，此不尋常的景象往後也成了藝術界的美談。

當時，畢卡索正處於掙扎期，那錢足夠讓他活三年，有了這份驚喜，他懂得釋放，盡可大膽做下一步的實驗。

這位救星沃拉爾，何等人物呢？

他來自於法屬地留尼旺（Réunion），1887 年，21 歲，赤手空拳的來到巴黎，首先在法律學院攻讀博士，這段期間，他經常一人到塞納河碼頭邊的攤位晃來晃去，手裡總抱一盒盒的書籍、印刷畫冊，及素描繪圖，一年後，全心投入藝術市場，立志做專業的出版商、經紀商，與收藏家。

好幾年下來，生活簡陋，根本買不起成名藝術家的作品，而且巴黎已有像伯帝、杜朗-魯耶（Paul Durand-Ruel）……等等經紀商佔盡市場，許多印象派畫作的價格不斷的往上飆漲，實在碰不得，似乎難有生存的餘地，於是，他突發奇想：何不買一些「無足輕重」的作品呢？這革命性的點子，將替

藝術開闢一片新的氣象。

　　只要看中某個藝術家，他就前去簽約或大量買進，然後屯積。譬如：1899 年，到塞尚在楓丹白露（Fontainebleau）的工作室，買下所有畫作；1903 年，列比納（Stanislas Lepine）死後幾年，他從畫家的弟媳那兒收購他畢生的作品；1905 與 1906 年，也分別取得德朗與弗拉芒克（Maurice de Vlaminck）整個工作室的畫，像這樣類似的例子還很多很多。

　　然而，沃拉爾如何大量買進，怎麼辦得到呢？答案很簡單：趁人潦倒，以「賤價」買進。你可以批評他是機會主義者，你也可以讚美他是藝術家的救星，不論怎麼說，此大量屯積式的收藏是他成功的秘訣。

　　所以，1906 年用馬車將畢卡索的 30 張畫扛回家一事，對這位收藏家早習以為常的了。

　　若談到現代藝術家，畢卡索、馬提斯、塞尚、畢沙羅（Camille Pissarro）、雷諾瓦、高更、馬奈、梵谷、竇加、那比派（Nabis），及野獸派的畫家，沒人對沃拉爾不熟悉，若沒有他及時出現，這些藝術家可能得吃更多的苦，或甚至終生默默無聞呢！

魔術的召喚

　　1906 年春夏之交，畢卡索帶著女友到加泰羅尼亞的北方加索爾，在那兒，有好山、好水，與好空氣，他吸吮自然的原始因子，變的更快樂，不再那麼野，又充滿活力，當他回到巴黎後，內在產生一股力量，之強、之烈。

　　在那時，許多藝術家開始收藏原始面具與雕像，畢卡索體會時尚，不落人後，也朝這方向進展，一年之後，他完成一張驚人之作〈亞維儂的姑娘〉，它的問世，順水推舟，立體派誕生了。

　　多年後，他告訴作家安德列‧馬爾羅（André Malraux）創作的源頭：

> 在一家人種的博物館，很恐怖，裡面有面具、紅人偶物、佈滿灰塵的人體模型，只有我一人在那兒，一定是在那天，我腦子裡浮現〈亞維儂的姑娘〉的離型，但絕非形式，關鍵的是，它是我的第一張驅魔之作……當我到那老朽的左卡德羅（Trocadéro），真令人作嘔，跳蚤市場的那味道，我當時一個人，一心一意想逃，但我沒離開，繼續待，留在那兒，我了解這非常重要，某件事在我身上發生了，不是嗎？那些面具不像其他的雕刻品，一點都不像，它們有魔術的內涵。試問為什麼埃及或卡耳迪亞（Chaldean）物品就沒有這樣的效果呢？我們無法理解為什麼它們原始，卻不是魔術，黑人的物品則不同，是不斷改纂與調解的東西，它們在對抗每件事 —— 對抗未知，威脅生靈。我總盯著物神，了解我也在對抗每件事，我也相信每件事是未知的，每件事都是敵人！是的，每件事。

　　畢卡索在博物館感受到的，之後製造出〈亞維儂的姑

娘〉，一件驅邪的武器，是在充滿非洲文物的地方，讓他著魔、體驗敵對的滋味，所以不得不發明一個尖銳的武器，好好對抗自然，跟人性、情緒，甚至跟上帝起衝突，就如他說的：「自然之存在，讓我們去強暴它吧！」

〈亞維儂的姑娘〉是畫家的一件美學突破之作，在此，畢卡索做了一個關鍵的宣言，即是破壞性藝術，自然就隨他任意摧毀、擊潰。

CHAPTER 4

立體派誕生了

〈裸女與布簾〉
1907 年　油彩，畫布
152 x 101 公分
聖彼得堡，艾米塔吉博物館

1908（27 歲）

開始跟布拉克工作，持續到 1914 年。

受非洲雕塑影響，畫非洲模樣的裸女。

夏天，跟費爾南德到北法的拉布瓦路（La Rue des Bois）渡假，專注人物與風景畫。

11 月，在工作室辦一席餐宴，慶賀購買盧梭 1895 年的畫〈一位女子的肖像〉。

在康懷勒畫廊，布拉克一第次展立體派作品。

1909（28 歲）

完成名畫〈桌上的麵包與水果盤〉。

「分析立體派」的開始（名稱是畫商康懷勒 1920 年的構想）。

五月，跟費爾南德到巴塞隆納見親友。

到奧爾塔村，找回元氣，創作風景畫，是生涯產量最多的階段。

完成名畫〈梨與女人〉（費爾南德肖像）。

將工作室搬到布拉克的隔壁，位於 11 Boulevard de Clichy。

50 張畫被蘇俄收藏家史楚金（Sergei Shchukin）買走。

創作費爾南德的雕像。

畫靜物畫。

第一次在德國展覽，地點慕尼黑的美術館。

秋季藝術沙龍舉行柯洛（Camille Corot）畫展。

1910（29 歲）

完成三名重要的人物肖像畫，分別沃拉爾、康懷勒，與藝評家伍德（Uhde）。

認識畫家馬庫西斯（Louis Marcoussis）與馬塞爾‧漢伯特（Marcelle Humbert）。

與女子杜普烈（Marcelle Dupré）產生戀情。

夏天，帶費爾南德到卡達蓋斯（Cadaqués）渡假，德朗與妻子來相會。

1911（30 歲）

4 月，首度在紐約做展，地點攝影分離派美術館（Photo-Secession Gallery）。

夏天，到色賀（Céret）渡假。

在畫裡出現印刷字體。

從罪犯那兒買下兩尊比利亞雕塑，不得不送還羅浮宮。

跟女友費爾南德關係觸礁。

跟馬塞爾‧漢伯特私會，又叫伊娃‧谷維（Eva Gouel，1885-1915），小名「可愛的美人」（Ma Jolie）。

完成名畫〈彈曼陀林的人〉。

1912（31 歲）

用金屬片、絲創作的第一件構成品（construction）。

完成第一件平面拼貼（collage）作品〈有藤椅的靜物〉。

帶情人伊娃到色賀、亞維儂（Avignon）、與索格島（Sorgues），跟布拉克會合。

完成第一件紙張拼貼（papiers collés）作品。

9 月，搬到蒙帕那斯（Montparnasse），位於 242 Boulevard Raspail。

與畫商康懷勒簽三年合約。

1913（32 歲）

春天，與伊娃到色賀渡假，與德朗及布拉克會合。

5 月 3 日，父親在巴塞隆納過世。

從紙張拼貼作品發展到「綜合立體派」。

伊娃生病，搬到新處，位於 5 Rue Schoelcher（窗戶望向蒙帕那斯墓地）。

作品在慕尼黑、柏林、科隆、布拉格，與紐約展覽。

1914（33 歲）

6 月，與伊娃在亞維儂渡假。

與德朗及布拉克會合。

畫點描畫。

第一次大戰爆發，德朗及布拉克調去當兵。

康懷勒回義大利，畫廊充公。

1915（34 歲）

用鉛筆畫賈克伯與沃拉爾，具寫實風格。

畫喜劇演員。

秋天，伊娃住進奧圖爾（Auteuil）的醫院。

與另一名 27 歲女子嘉比（Gaby Lespinasse）私會，爲她畫裸女圖與一些水彩畫，關係維繫到隔年春天。

12 月 4 日，伊娃過世。

除掉這隻松鼠，好嗎?

畫家布拉克目賭〈亞維儂的姑娘〉之際，驚訝的說：

它讓我感覺，好像某個人正在喝汽油，噴火。

之後，好一陣子，畢卡索與布拉克各自創作，不過，他們的相遇為現代美學投下了一顆革命性的炸彈。

話說，1908 年，畢卡索到拉布瓦路（La Rue des Bois）（位於北法）尋找靈感時，布拉克則在埃斯塔克（L'Estaque）（位於南法，塞尚生前常作畫的地方）描繪風景，很快的，布拉克將他的作品拿到秋季藝術沙龍，卻遭拒絕，之後交由康懷勒畫廊處理，11 月時，這些畫正式在公眾面前亮相，不料藝評家渥塞勒（Louis Vauxcelles）看了之後，撰寫一篇負面的評論，抨擊作品的每細節簡約到「小立方塊」，甚至還稱「祕魯的立體派」，當畫廊老闆康懷勒得知，認為何不取用這創意詞彙，將原有的惡意轉為宣揚的工具，立體派一詞就這樣形成了。

1909 年，畢卡索搬到 11 Boulevard de Clichy，布拉克的工作室就在隔壁，好幾年，兩人幾乎每天互訪，給對方意見，再求進步，逐漸的，共同創下屹立不搖的立體派風格，有關之間的藝術撞擊，倒有一段故事滿值得講：

聽說有個晚上，畢卡索到布拉克工作室，布拉克正進行一張畫，是大橢圓形的靜物，裡面有一包香煙、煙斗，及一些立體派的實物，畢卡索看了一下，然後倒退看，發覺怪怪的，就說：

我的可憐人，真糟糕，我在你畫布上看到一隻松鼠。

布拉克表示不可能。畢卡索又說：

> 我知道了，那可能是妄想症的觀點，不過，我真的看
> 到了松鼠，畫布變成一張畫，這並非幻覺，因為人們
> 須要在那裡看到某些東西，所以你就放入一包香煙、
> 煙斗，與其他東西，你希望他們看到這些。然而，看
> 在老天爺份上，你就除掉這隻松鼠，好嗎？

布拉克倒退了幾步，仔細看，果真看到了松鼠，那種妄
想症可會感染人啊！接著，每天他跟松鼠對抗，在結構、光，
與構圖上做修正，一改再改，松鼠還是持續的跑回來，就算
連形式大改一番，牠總有辦法出現。其實，這松鼠存在人心，
根本跑不掉，不過，約十天左右，布拉克不斷的施展絕技、
搏鬥，畫布最後只剩下一包香煙、煙斗，與一副牌，這有趣
的過程，往後成了一則立體派的典範。

他們的合作無間，讓旁人難以想像，彼此個性差這麼多，
處理繪畫的方式也不一，像布拉克是法國人，較有條理、內
省力強、懂得深思熟慮；畢卡索是西班牙人，易怒、激動、
也反覆無常，即使如此，布拉克說：

> 因一個共同理念引導，就算我們這麼不同，最後變的
> 一點也不重要了……我們像是綁在一塊的登山者。

從這段話，可以感受他們非比尋常的連結，純屬於生命
共同體。

　　說來，他們的情誼之深，讓畢卡索的女友費爾南德看在眼裡，嫉妒的不得了。

人，只取外形，不取靈魂

　　1910 年，他為三名舉足輕重的人物畫肖像 ── 沃拉爾、康懷勒，與藝評家伍德。

　　畢卡索描繪人時，對臉部與身體的表情難以下手，他不避諱的說：「我工作時，就像中國人一樣，不在模擬實體，而是畫得像實體。」此話揭露了一個原則，他只關心人的外表與眼睛所見的形式，並非內在的靈魂。

　　畢卡索畫〈葛楚德‧史坦肖像畫〉時，葛楚德本人為他擺姿多次，自完成之後，他作風大改，不再需要真人在面前就能畫肖像。有趣的是，有一次畫好友布拉克，不但沒請他來擺姿，反倒找了另一個人來充當。

　　看著沃拉爾、康懷勒，與藝評家伍德肖像，我發現畢卡索把人的外形撕解，分成好多小塊狀，就像破碎的鏡面照映，用不同角度拼湊，缺乏人的姿態、體積，與顏色，更不消說深度、情感、性格等等因素了。

　　唯獨人才能引起他的興趣，整個生命的現實是集中在頭、臉，與身體，何需觀察其他部份呢？靈性只是另一回事而已。對他而言，外形給予立即的快感，遠比慢慢咀嚼的靈魂重要多了。

當柏拉圖遇見畢卡索

　　1911 年 4 月，畢卡索創作的「分析立體派」在紐約的攝影分離派美術館展出，作品引起人們激烈的反應，有正反兩面，但負面的篇幅佔的居多。

　　譬如《報紙》（Le Journal）說：

> 回到未開化與原始的野蠻，否認對生命與自然實體所有的美，全然貶低這些價值。

　　《工匠》（The Craftsman）說：

> 假若在畫裡畢卡索真誠的揭露他對自然實體的感覺，那很容易，但我們看到的是一個胡言亂語的狂者，每樣不連貫的、拆開的、不相干的與醜陋的，實在難以想像。

　　然而，在《新時代》（The New Age）的一篇，作家約翰・莫里（John Middleton Murry）的看法全然不同，將畢卡索跟遠古的哲學家柏拉圖拿來比較，他說：

> 柏拉圖在尋找畢卡索……他在尋找一種不同形式的藝術，而畢卡索具備了。

　　這種相提並論有它背後的原因。我們知道在《理想國》裡，柏拉圖認為藝術家們模擬實體，不斷操縱、作假，製造不真實的東西，還說有必要將他們驅除出境；而畢卡索呢？人根本不可能成功複製實體，也不可能模擬實體。在某立場上，兩人有那類似性。

　　關於立體派，畢卡索推崇「為畫而畫」的理念，前提也是基於贊同柏拉圖，不過，對這位藝術家而言，既然被理性世界趕了出來，就好好的瘋狂，破壞一番吧！

拼貼作品

　　1911 年始，畢卡索從事一項更瘋狂的實驗，他用畫紙、畫布、木板，與顏料之外的媒材來創作，隔年，成功的完成第一件拼貼之作〈有藤椅的靜物〉，「綜合立體派」就此展開。

　　這看樣子像藤椅，油布被直接拿來貼在畫布上，左上方寫著 JOU，意指《報紙》刊物，另外，用繩索來框住畫布的外緣，值得一提的是 JOU 在法文有「遊戲」之意。

　　這個時候，畢卡索認為可以取用身邊的任何東西，重組貼在畫布上，再付予一個新的意義，之後他與布拉克常用拼貼方式創作，這對未來的美學影響甚鉅，直到現在，還被許多藝術家所延用。

　　若一提到拼貼手法，許多人馬上聯想到畢卡索與布拉克，認為他們發明的，然而是真的嗎？根據寶拉・馬爾（畢卡索另一位情人）的說法，畢卡索的父親有一次作畫時，將紙貼在畫布上，以當記號，這舉動好幾年後才刺激了畢卡索，

所以，真正的創始人是他的父親呢！

溫柔的美人

　　約 1910 年 6 月，透過阿波利奈爾的介紹，畢卡索認識一位波蘭畫家馬庫西斯與女友馬塞爾・漢伯特，當費爾南德一見到馬塞爾時，直覺她的外形長得像名模伊芙琳・內斯比特（Evelyn Nesbit），伊芙琳之所以人人皆知，一來十分嬌艷，二來她的丈夫射殺了她的情人，整件事相當轟動，還被稱為「世紀之罪」，費爾南德對此興趣濃厚。

　　馬塞爾身體虛弱，弱的像林黛玉，但因嬌柔，讓男友馬庫西斯在旁呵護不已，雖然窮，但不管做什麼，都給她吃好的，穿好的，住好的。

　　費爾南德與馬塞爾認識之初，就成為好朋友，怎麼也沒想到一年之後，畢卡索愛上了後者，兩個女人最後竟成情敵。她們的差異，倒值得在這兒做比較：

　　在年齡上，費爾南德比畢卡索年長幾個月，兩人走在一起，她確實看起來大了些，她的美不在話下，當人提及她的容貌時，他卻回說：「但她很老。」不過話又說回來，也是她的美，才將他的心鎖住好幾年；而馬塞爾小畢卡索四歲，長得瘦小，多了一份嬌媚。

　　在性格上，也非常不同，費爾南德喜怒無常，而且淫蕩，經常想誘惑別的男人，甚至有一次她請餐廳送一份大餐，當送飯的男孩到了門口，她透過門縫，用性感的語調說：「我不能幫你開門，我此刻身體全裸。」藉此來挑逗男人。而馬

塞爾呢？她非常的溫柔，像個天上的仙女一樣，很節儉，不會亂花錢，又因虛弱，需要別人看顧、呵護，但她絕會全心回報。

畢卡索之所以愛上馬塞爾，原先是費爾南德跟另一位年輕的義大利畫家奧皮（Ubaldo Oppi）私會，落得他孤單不已，不過畢竟馬塞爾是馬庫西斯的情人，行事上，得小心翼翼，他跟經紀人康懷勒說：

> 是的，我們現在在一起，我很快樂……但千萬不要跟
> 別人說。

為了保密，畢卡索不想直接稱她馬塞爾‧漢伯特，他叫她伊娃。

不過，紙包不住火，馬庫西斯在《巴黎人的生活》（La Vie Parisienne）畫了一則卡通來宣洩，在這裡，畢卡索被鐵鍊重重的壓住，馬庫西斯在一旁興高采烈的看著，在他眼裡，馬塞爾對生活的不堪一擊，體弱多病，是一只沉重的包伏，如今這幅諷刺畫，一來報復畢卡索的背叛，二來慶幸自己不用再被拖累了。

畢卡索帶著心愛的伊娃到色賀、亞維儂，與索格島，租下一間小別墅，兩人自由自在的相處，或許因她像飄飄然仙女，一吹即破的纖細，所以，不敢直接畫她，不敢用立體派的方式撕解她，所做的全是隱喻，他在畫裡用「深愛伊娃」（J'aime Eva）來表示對她的深情；另外，他在別墅的牆上，畫了法國綠茴香酒酒瓶、曼陀林，與樂譜的靜物，上面還寫

著「美人」二字，形容伊娃的純情之愛。

在這段時期，他的畫與剪貼作品散發一種抒情，亮麗的顏色與熱情兼備，被人稱為「洛可可立體派」。

歡樂背後的一片陰鬱

1913 年 5 月 2 日，一接到父親病重的消息，畢卡索馬上趕回巴塞隆納，處於彌留狀態，看到心愛的兒子，也安心的走了，留下的是畢卡索無限遺憾，心頭也染上了罪惡感。接著，沒多久，病弱的伊娃也患肺結核，猛咳猛咳的，瞬間，他世界變色，成灰了。

心情還鬱悶，隔年，又來個戰爭，第一次世界大戰在歐洲漫延開來，巴黎的前衛藝術家大多跑到前線打仗，像阿波利奈爾、德朗、布拉克、雷捷（Fernard Léger）、葛列茲（Albert Gleizes）、杜菲（Raoul Dufy）、維雍（Jacques Villon）……等等。然而，他沒去，理由是身體虛弱，此可當真？原來，他患的是疑病症，總擔心病、痛、死亡，覺得一身不舒服，到處是病，但實際上，他身體壯的很呢！

1914 年 11 月，當他與伊娃回到巴黎時，景物依在，但人事已非，他的經紀人康懷勒回到義大利，身邊的朋友只剩下賈克伯、葛楚德，與格里斯，對他來說，週遭真變了樣，似乎被兇狠的破壞，面前僅有片片斷斷，無數碎塊的拼湊，很傷感，也很無奈。

伊娃的病情惡化，必須住院，這時候，畢卡索沒人做伴，變的孤單，照理說，應去探望她，但他告訴友人：

我過著像地獄般的生活。

他像個被寵壞的孩子，期待別人照顧他，若遇到棘手的問題，需要負責任，他變的怯步，為了暫時甩掉痛苦，他自個兒找樂子，說來，他能同享樂，卻無法共患難。

在伊娃入院期間，晚上耐不住孤寂，跑去跟一位叫嘉比的女子幽會，有她相伴，他畫下〈月光臥室〉、〈普羅旺斯的廚房〉與〈普羅旺斯的飯廳〉。

雖然世界成了傷感的碎片，但另一方面，他也很懂幽默，像有一次他跟葛楚德走在路上，看見砲兵們穿的護色軍服，那些顏色、圖案，與組合頗像立體派風格，於是，他驚叫：「這就是我們創造出來的東西啊！」他還俏皮的說，若想讓敵人看不到，軍人們應該喬裝滑稽演員，言外之意，也是他畫的小丑啊！

為了忘卻痛苦、焦慮，與不安，又想逃避，乾脆跑去看觀賞鬥牛賽，也到馬戲團那兒認識新朋友。在孤寂的時刻，他心裡只有一個念頭，就是逃，逃到一個娛樂場所或一個可麻醉自己的地方，因此 1915 年，他把精神放在畫喜劇丑角上，其中一幅〈喜劇演員〉，那黑色的背景，加上演員的笑與苦澀的矛盾，我們感受畢卡索的哭笑不得！

1915 年，伊娃耐不過聖誕節，悄然的離開了人間。

套上閃閃的金框

〈歐嘉的肖像〉
1923 年　油彩，畫布
130 x 97 公分　私人收藏

1916（35 歲）

因尚・高克多（Jean Cocteau）介紹，認識蘇俄芭蕾經紀人戴雅吉列夫（Sergei Diaghilev）與法國作曲家薩堤（Éric Satie）。

丹麥藝術期刊《發聲》（Klingen）發行人薩托（Axel Salto）到訪，做一篇報導，此爲研究畢卡索的重要資料。

搬新屋，位於 22 Rue Victor Hugo，Montrouge。

受智利收藏家伊拉蘇夫人（Madame Errazuriz）的眷顧。

12 月 31 日，參加一場阿波利奈爾的《被謀殺的詩人》（The Poet Assassinated）出版的慶賀餐宴。

1917（36 歲）

跟戴雅吉列夫的舞團遊羅馬。

爲戲夢芭蕾（Ballet Russe）演出的「波瑞」（Parade）做舞劇設計。

遇見蘇俄作曲家史特拉汶斯基（Igor Stravinsky）與芭蕾舞女歐嘉・克洛瓦（Olga Koklora，1891-1955）。

旅遊那不勒斯、龐培（Pompey），與佛羅倫斯。

5 月 18 日，「波瑞」劇在夏特萊劇院（Théâtre Châtelet）演出。

爲追求歐嘉，跟著舞團到馬德里與巴塞隆納。

與歐嘉同住。

11 月，回蒙突奇（Montrouge）。

受羅浮宮的一幅勒南畫的啓發，創作〈快樂家庭〉。

自 1914 年始，傾向自然與古典主義，義大利行後，風格變的更凸顯。

1918（37 歲）

跟上流社會人士結識。

保羅・羅森博格（Paul Rosenberg）成爲新經紀人。

7 月 12 日，娶歐嘉。

到比阿利茲（Biarritz），在伊拉蘇夫人的豪華別墅 La Mimoseraie 渡蜜月。

阿波利奈爾過世。

搬居新處，位於 23 Rue La Boétie。

1919（38 歲）

遇見米羅（Joan Miró），買他一張畫。

跟戲夢芭蕾住在倫敦三個禮拜，拜訪國立美術館與大英博物館。

爲「三角帽」（Le Tricorne）舞劇做設計。

畫舞者。

夏天，跟歐嘉到蔚藍海岸（Riviera）的聖拉斐爾（Saint-Raphaël）渡假。

完成名畫〈沉睡的農夫〉。

用立體派技巧，畫靜物。

12 月 3 日，雷諾瓦過世，也受這大師畫風的影響。

1920（39 歲）

爲史特拉汶斯基的「蒲西耐拉」（Pulcinella）做設計。

康懷勒回巴黎。

夏天，跟歐嘉到聖拉斐爾及朱翁雷班（Juan-les-Pins）渡假。

畫樹膠水彩畫，主題跟即興喜劇相關。

1921（40 歲）

兒子保羅（Paolo 或 Paul）出生。

創作母與子主題畫。

畫芭蕾舞劇設計的素描。

第一次大戰期間充公的伍德與康懷勒的收藏品（大量畢卡索的畫）進行拍賣。

夏天，跟歐嘉到楓丹白露渡假。

完成名畫〈三位音樂家〉。

畫風兼具立體派與古典派。

1922（41 歲）

收藏家杜雪（Jacques Doucet）以 25,000 法郎買〈亞維儂的姑娘〉。

夏天，跟歐嘉與保羅到布列塔尼（Brittany）的迪納爾（Dinard）渡假。

完成名畫〈海灘上奔跑的女人〉。

12 月 20 日，跟高克多、阿拉貢（Louis Aragon），與可可‧香奈兒（Coco Chanel）合作「安蒂岡妮」（Antigone）劇。

1923（42 歲）

用新古典風格畫喜劇演員。

5 月，一篇訪問報導大幅刊登於紐約《藝術》（Arts）期刊。

夏天，在安提貝海岬（Cap d'Antibes）渡假。

母親來探望。

完成名畫〈潘吹笛〉。

另一個貴人

　　1915 年 12 月初，經由前衛派作曲家瓦列斯（Edgar Varèse）的介紹，尚·高克多來到畢卡索的工作室，兩人相見，高克多不禁愛上了他，說來，畢卡索倒很有男人緣，之前有薩巴特、賈克伯、與布拉克，現在又來了另一個貴人。

　　尚·高克多是一位二十世紀前半葉活躍人物，他寫詩、小說，與劇本，也做設計，也拍電影，是個全能全才的藝術家，多年後，他描述跟畢卡索第一次相遇的情景：

> 我永遠不會忘記在畢卡索工作室發生的事……他和我眼對眼，我欣賞他的智力，他話很少，我只能緊緊抓住他說的每件事，我靜靜的聽，不遺漏的聽他說每一字，我們沈默很久，別人無法理解我和他可以這樣無言的看著對方。

　　他又形容彼此的初遇是「必然的，早已寫在星星上了」，從那一刻起，高克多對畢卡索的愛持續了一生。

　　那麼，對畢卡索而言，眼前的才子是一位高貴的公子，扮演一座橋樑，帶他出入上流社會。畢卡索在 13 歲時愛上一位貴族女孩，但女方家人嫌他出生普普，門不當戶不對，狠狠的拒絕了他，從此，這痛跟隨著他，從未忘記那段屈辱，就算他竭力的創作，賺進了財富。對上流社會的一切，譬如舞會、餐宴、公主、公爵、豪華、文明等等，他嚮往不已，

對於高克多的示好，他分外的珍惜。

　　失去了伊娃之後，有段時間，畢卡索非常沮喪，高克多得知，自動喬裝小丑取悅他，還介紹他認識蘇俄芭蕾經紀人戴雅吉列夫與法國作曲家薩堤，並邀請他幫戲夢芭蕾演出的「波瑞」做舞臺設計，隨之，漸漸的，畢卡索淡忘過去，迎接新的開始，生命有了另一個重心，那就是與芭蕾及設計舞臺為伍。

　　1916 年 5 月 1 日，畢卡索為高克多畫一張肖像，主角穿著一身軍服，畫完後，極滿意的，馬上跟別人說：

> 今天早上，我在畢卡索工作室裡擺姿，他一開始將我的頭畫的近似安格爾的味道，像極了一個年輕作家英年早逝的樣子，倒適合放進作品，享受死後尊榮那般。

　　在此，畢卡索沒用上立體派的技巧，模擬的反而是安格爾的古典技法，似乎告知一個新的繪畫風格即將來臨。

詩人的苦澀

　　當畢卡索還未走出藍色時期，虛無主義一直在他心裡盤繞，若當初沒有詩人阿波利奈爾的提拔，或許他還在原地打轉，停滯不前呢！兩人的友誼從 1904 年逐漸滋長，但在恩情未報之前，1911 年，竟發生了畢卡索的背叛，整個經過是這樣的：

　　1911 年 8 月 21 日，羅浮宮的名畫〈蒙娜麗莎〉被偷，

引起宣然大波，七天之後，一位比利時男子蓋瑞‧皮銳特（Géry Pieret）（曾擔任阿波利奈爾的秘書）基於好玩的心態，走到《巴黎報》（Paris Journal）辦公室，手中拿著一尊伊比利亞雕塑，說他是從羅浮宮拿出來，還開玩笑說要偷走羅浮宮的寶物多麼輕而一舉，說著說著，他把這尊雕像放在阿波利奈爾的家裡，隔天，當阿波利奈爾讀到頭條新聞時，緊張的不得了。

糟糕的是在前幾年，畢卡索從皮銳特那兒買了兩尊伊比利亞的雕塑，其實這也從羅浮宮那兒偷來的，皮銳特叫畢卡索把它們藏在一個老舊的櫥櫃中，好久以來，畢卡索根本沒去想這件事，直到各報以頭條登出「羅浮宮的盜竊」，才知道事情不妙了。

當時，阿波利奈爾和畢卡索都害怕，一旦被捉到，定得判刑下獄，於是他們決定行動，原先想離開法國避避風頭，之後又想到一個方法，乾脆將東西扔到塞納河，不過沒有想像那麼容易，計畫失敗了，隔天，阿波利奈爾走進《巴黎報》辦公室，交出伊比利亞的雕塑，與報社約好保守秘密，但報社卻失約。

9月8日，員警侵入阿波利奈爾的住處，找到皮銳特的信，立即將他逮捕；幾天後，他們敲畢卡索的門，要他到警察局一趟，他遵照指示，但走進時，看到憔悴的阿波利奈爾，畢卡索未有憐憫之心，反而，否認一切，表示與阿波利奈爾僅是點頭之交而已。

這樣的六親不認，讓阿波利奈爾失望，也哭的傷心，之後還被警方懷疑連名畫〈蒙娜麗莎〉也是他偷的，在監獄裡

受盡百般的折磨，雖然後來法庭判他無罪，但這難堪的過程，與畢卡索的怯懦，狠狠的刺痛他的心，為此，他一直嚥不下這口氣。

1914 年，阿波利奈爾加入前線做戰，1916 年流彈嚴重的傷及頭部，不過命保了下來，年底他回到巴黎，12 月 31 日，大夥們為阿波利奈爾出版的書《被謀殺的詩人》（也是最後的著作）慶祝，畢卡索也到場參加了。

其實，《被謀殺的詩人》描述的正是他與畢卡索之間難以化解的仇恨，裡面有三位主角：貝南之鳥（Bird of Benin）、闊尼亞曼陀（Croniamantal），與崔絲荼茲（Tristouse），分別代表畢卡索、阿波利奈爾，與女友瑪麗亞（Marie Laurencin），其中，有一段這麼寫的：

> 崔絲荼茲問：用什麼做的一尊雕像？是大理石？還是青銅？
> 貝南之鳥回答：不，那太過時了，我不需要任何東西，就能刻一尊深邃的雕像 —— 就像詩，就像榮譽一般。
> 崔絲荼茲拍拍手，說：好棒！好棒！一尊雕像，不需要任何東西，無中生有，真的太厲害了！

這段對話，如水晶般透徹，闡明畢卡索當年的背叛，在他的字典裡，找不到「忠誠」二字。

阿波利奈爾對畢卡索的掏心掏肺，最後落得無限的悔恨，只有苦澀啊！

當然畢卡索也有了罪惡感，覺得愧疚，之後，他向阿波

利奈爾說：「為你，我最純真的友誼。」1928 那年，詩人死後的十年，畢卡索用鐵線來完成一系列的構成品，紀念這位忠貞的友人。

婚姻，為了復仇

1917 年春天，畢卡索跟高克多與戴雅吉列夫的舞團同行到羅馬。

當時，畢卡索寫一封信給葛楚德，提到：「我睡的晚，我認識所有羅馬的女人。」這裡所謂的女人，指的是舞團的芭蕾舞女，雖然信沒講明白，也未指名道姓，但其中一人歐嘉·克洛瓦，是他積極追求的對象，他們正熱烈的跳著愛情舞曲呢！

克洛瓦是一位蘇俄皇家軍隊上校的女兒，21 歲離家，加入舞團，渴望當一名芭蕾舞團的首席女星，但她起步晚，要實現簡直癡人說夢，一來明白這一行競爭激烈，這麼多野心勃勃的年輕女孩，自己已經 26 歲了，想當頂極之星幾乎渺茫，眼前遇到的男子，性格迷人，又是一名立體派大師，為何不相戀，未來做個好妻子呢？

他們的相遇、相戀、相處，到走入婚姻，一切那麼自然，他們需要彼此，但僅在社會的價值上，而非心靈的契合。

畢卡索說他娶歐嘉是她長得漂亮，又有蘇俄貴族血統，小時候，他深愛過一個貴族女孩，那單純情愫被現實阻撓，這傷痕一直還在，但他不服輸，潛意識裡存有一種復仇的心態，越得不到，越想要得到，用來證明自己是強者，說來，

此病態不僅運用在愛情，也用在繪畫上。

　　他們的聯姻，註定一場失敗，一來歐嘉只愛衣裳與家屋裝潢，對於知性與藝術的討論毫無興趣，也無法苟同波西米亞式的生活，難跟畢卡索的藝術圈混在一起；二來畢卡索並不了解蘇俄的狀況，那國家面臨外敵的侵略，內部的革命情緒高漲到了極點，皇室貴族一個一個被殘殺而死，所謂的上流社會只剩下空殼，也就說畢卡索娶的是一個輝煌蘇俄的殘骸而已。

　　認識歐嘉，畢卡索為她的模樣做素描，她看起來總那麼優雅，沒有立體派風格的分解與拼貼，因為她要他畫的像自然主義那般，每個細節得跟本人差不多，一看即能辨識。之後，畢卡索帶她回巴塞隆納看家人時，正式的為她畫一張油彩肖像，命〈戴上披肩薄紗的歐嘉〉，在此，她看起來像一位西班牙女子，據說當時找不到網織披肩，臨時用被單充當，在亮麗的喬裝下，那緊繃的臉蛋，難掩飾她嬌縱與固執的性格。

　　倒有一段插曲，有一天，畢卡索與歐嘉在外面散步，突然遇見一位算命的吉普賽女人，她問歐嘉叫什麼名字？歐嘉回答：「卡門」，我們知道卡門是一名西班牙的吉普賽女子，性情火烈，其實她這麼講是想入境隨俗，取悅未來的丈夫，畢竟他不是一位有修養的紳士，骨子裡藏著「西班牙」與「吉普賽」的性格。

　　1918 年夏天，他娶了歐嘉，兩人一起到比阿里茲，在伊拉蘇夫人的豪華別墅渡蜜月，畢卡索時而在此處的牆上作畫，並寫上好友阿波利奈爾的一首詩《季》：

一個祝福的時光，我們在海灘上

從清晨就走了，腳赤裸，沒有帽子

且，快速的像蟾蜍的舌

愛，傷了愚人與智者的心。

他還寫信給阿波利奈爾，說：「我在這兒沒有太不快樂」，這渡蜜月期間，看來他不怎麼興奮，為什麼呢？他知道這不是一份單純的愛。

臉？還是地圖？

透過戴雅吉列夫的劇團，畢卡索認識一位蘇俄知名的作曲家史特拉汶斯基，兩人一見如故，彼此互為欣賞，此作曲家花花公子的性格，一身黃色系的打扮（芥末黃的褲子與黃色的鞋子），使畢卡索歡欣；而畫家過人的元氣與創作力也讓史特拉汶斯基稱讚不已。

美國作家史蒂格穆勒（Francis Steegmuller）述說畢卡索與史特拉汶斯基之間的吸引力特強，就如：

兩顆主要行星相會，將其他人擋在外面，進都進不去。

在這方面，高克多感受最深，介在他們中間，被甩到一邊，好像是一件多餘的物品似的。

高克多特別為他們做一張諷刺畫，在裡面，高個子的史

特拉汶斯基戴一頂高帽，矮個子的畢卡索戴上圓頂禮帽，前者向後者彎腰，像在鞠躬，後者向前者拍拍背，有示好之意。

　　畢卡索很快的也為這位作曲家畫一張肖像，史特拉汶斯基興興然的將它帶在身上，準備回瑞士，通關時，因這張畫，被工作人員制止，他們表示：「這不是肖像，而是一張地圖。」但，史特拉汶斯基回答：

　　　　是的，它是我臉上的地圖，就這樣。

　　爭辯無效，別無他法，最後只好把此畫寄回羅馬，然後由英國使節用外交郵袋寄到瑞士。

　　可見，畢卡索畫的人像，線條走向如地勢的蜿蜒曲折，像一張神秘的地圖，在大戰期間，特別敏感，難怪引起了軍方的懷疑，讓人不得不聯想到底隱藏什麼機密或暗號呢！

新時代的精神

　　畢卡索花上幾個月邊玩，邊談戀愛，也為「波瑞」劇設計舞臺，1917 年 5 月，此劇在法國的夏特萊劇院正式演出。

　　阿波利奈爾觀賞之後，讚嘆舞蹈編導馬塞思（Léonide Massine）與視覺設計師畢卡索的合作，寫下一篇評論，在此，我節取一段如下：

　　　　他們第一次將畫、舞蹈，與造型藝術做完美的結合，
　　　　這進階享有更完整的藝術寶座……，此新的聯姻，一

來是服飾與舞臺裝飾，二來是舞臺舞蹈設計，在「波
瑞」劇裡，這些被不自然的結合，產生了一種超現實
風格，一連串的新精神顯靈了，我看到逾越的起點。

在這舞劇中，阿波利奈爾興奮的看到不同元素擺在一
塊，很具實驗性，很創新，當然，他同時也嗅到十九世紀勞
特拉蒙伯爵（Comte de Lautréamont）在詩行的驚奇：「當裁
縫機與雨傘在解剖桌上不預期的相遇，如此美麗！」

阿波利奈爾相當敏感，預言一個新時代精神的來臨，即
是超現實主義，此運動 1920 年代初才興起，但他已在 1917
年就蹦出了這個名詞。

人們怎麼說畢卡索的舞臺裝飾呢？不少負面的抨擊，像
《怪相》（La Grimace）說：「淺嘗輒止者畢卡索投機的在
做這種人類的愚蠢事業。」然而，忠心的阿波利奈爾爲他辯
護：「煽動讓人錯愕，但很快的讓人轉向仰慕。」

「波瑞」是畢卡索第一次爲表演藝術做設計，之後的七
年，他繼續在這領域下功夫，像戴雅吉列夫帶領的另三部芭
蕾舞劇「三角帽」（1919）、「蒲西耐拉」（1920），與「佛
拉門哥舞團」（1921）、阿拉貢爲希臘悲劇改編的舞台劇「安
蒂岡妮」（1922），及巴黎之夜（Soirées de Paris）的音樂劇
「水銀」（Mercure）（1924）。

哈潑時尚

畢卡索在西班牙成長時，特別巴塞隆納期間，他努力爭

脫中產階級的束縛，跟吉普賽人、農夫、罪犯，與妓女相混，抽鴉片，過浪蕩的生活。但現在坐三望四，快入中年了，他決定走入婚姻，過舒適、豪華的日子，這些上流社會的玩意兒，曾經讓他這麼瞧不起，如今，卻緊緊的擁抱，這代表什麼？想定下來了嗎？

此時，他藝術生涯正往上沖，他的性格還會像《變形記》的角色一變再變，薩巴特跟他認識快七十年，是有樂共享有難同當，最懂他的老友，說了一句：

> 那是他的優點，讓他變年輕的關鍵，猶如一條換皮的蛇，他每段時期就會甩掉舊皮，開始在另一個地方生存，整個人煥然一新。

沒錯，這一條蛇現在披上一件新古典的衣裳，超現實畫家瑪塔（Robert Matta）說：「畢卡索此刻停留在『哈潑時尚』階段。」不過，這只是暫時的。

與革命份子保持距離

第一次世界大戰帶來死傷無數，整個歐洲陷入一場人間悲慘的煉獄，許多年輕人與知識份子開始對傳統的社會價值發出強烈的質疑，急切的想丟棄上流社會與中產階級推崇的道德、理性與宗教……種種約束，尋找一個理想國，首先是達達主義（Dadaism），之後延伸超現實主義（Surrealism），他們探索人的潛意識、夢幻、自動性、性愛自由……

　　這股勢力在巴黎掀起時，40 歲徘徊的畢卡索並沒有加
入，對那些革命份子的叫囂與嘶喊，他盡量保持距離，反而
享受上流社會的愉悅，參加無數的舞會，與配香檳酒的餐宴，
設計芭蕾、舞臺劇，與音樂劇，傾向新古典的風格，同時，
他的兒子保羅剛出生，日子安逸的很，當然，那些前衛派的
藝術界友人發現他的改變，多多少少認為他離棄了原則。

　　畢卡索不以為然的說：

> 不不，不要期待我重複以前的事，我對過去已不感興
> 趣了，我寧可去複製別人，而不要去複製我自己，至
> 少我要在他們的作品上添加新元素，我喜愛新發現。

　　據說 1920 年代之前，他每年至少賺進一百五十萬法郎，
財源滾滾，相對於他的老友，有些還在掙扎，住破爛的屋子，
作家阿拉貢仿照畢卡索的當時情況，抒寫一部小說《阿尼賽》
（Anicet ou le Panorama, roman）。

　　他的財富跟聲望並行，在媒體上，他被塑造一名解放者、
先知、現實的創造者、發明家……等等，譬如：作家雷納
（Maurice Raynal）稱讚他像預言家，樣樣精準，並說：

> 將人嚴格的提升到動物性條件之上，迫使人相信自由
> 的可能。

　　詩人薩爾蒙（André Salmon）形容他：

戴上了優雅的皇冠，他開闢出一條大道，許多人跟隨著他，他總在超越自己。

藝評家貝爾（Clive Bell）則表示：

畢卡索是個自由的解放者，他的影響力無所不在，他注定是一位學派的創導者，他是歐洲最有創造力的人，他卓越的天賦就在發明上。

讚美詞句還不只這些，藝評家們一個個把他往上捧，捧的很高很高，有意在他頭頂上畫上一個聖圈，合力爲畢卡索編織迷思，創造傳奇。

在享受成名與歡樂同時，他內心也有矛盾，一張他畫的〈三位音樂家〉可察覺到此部份，這兒，三位音樂家用他們「嬌小」的手彈奏樂器，悅耳與否未知，但背景的棕色牆框，室內的狹窄，給人一種幽閉的恐懼感。

這像畢卡索被鎖在監獄內，爲舞臺劇與音樂劇做的各種視覺設計，快透不過氣來了，似乎有出走的慾望。

何謂藝術

1923 年 5 月，紐約的《藝術》刊登一篇有關畢卡索受訪的文章，此藝術家闡述何謂藝術。

有一段是這樣的：

藝術不是真理，藝術是一個讓我們理解真理的謊言，至少，那真理讓我們了解，我想要知道是否任何人曾經看過一件實體的藝術品，實體與藝術是兩個不一樣的東西，它們根本不可能一樣，透過藝術，我們表現了一個非實體的觀念……，假如將演化與轉化運用在藝術上，我們必須得承認所有藝術是短暫的。

謊言與真理，兩個相反的元素，於畢卡索，如一對同卵雙胞胎。

他的觀念剛好應對了當代的藝評家艾隼・達那特（Adrian Dannatt）的一篇撰文〈藝術是說真話的謊言〉，他談道小說在說謊，電影在說謊，視覺藝術在說謊，對人類的心理層面而言有必要的，若沒有這些，人類無法面對赤裸裸的真理，也沒辦法接受血淋淋的現實與殘酷的限制，這就為什麼，人寧可相信故事，相信劇本內容，在藝術裡，讓我們誤認眼前看到的景象是真的，因此，亂編亂搞，讓自己走向一個超越有形與限制的世界，使人擁有一個充分的空間，施展一些奸滑狡詐的伎倆。

問題是，當謊言被人認為真理時，而人們又不懂回到現實，那藝術家所做的儼然是一種蒙騙，就如我常說的將人帶到一座海螫蜃樓，然後走人，那有多麼不負責任啊！

CHAPTER 6

與超現實共舞

〈靜物，鬱金香，與瑪麗
——德雷莎・華特的半身像〉
1932 年　油彩，畫布
130 x 97 公分　私人收藏

1924（43 歲）

用裝飾性的立體派風格，畫大幅靜物畫。

設計巴黎之夜劇團的音樂劇「水銀」。

夏天，跟歐嘉與保羅到朱翁雷班渡假。

完成名畫〈保羅扮喜劇演員〉。

布列東（André Breton）發表〈超現實宣言〉。

1925（44 歲）

春天，與芭蕾舞團、歐嘉，與保羅到蒙地卡羅（Monte Carlo）。

完成名畫〈舞〉，描繪婚姻的危機。

夏天，到朱翁雷班渡假。

完成名畫〈石膏頭與工作室〉，在此，保羅的玩偶被當道具。

11 月，第一次超現實展，畢卡索的立體派作品陳列其中。

1926（45 歲）

以吉他為主題，做一系列的組合藝術品（assemblage），媒材有襯衫、抹布、指夾、細繩……等等。

到朱翁雷班與安提貝海岬渡假。

10 月，帶歐嘉到巴塞隆納。

1927（46 歲）

1 月 8 日，在拉法葉流行屋（Galerie Lafayette）前巧遇瑪麗－德雷莎・華特（Marie-Thérèse Walter, 1909-77），17 歲，不久後成為情婦。

西班牙藝術家格里斯（Juan Gris）過世。

完成一系列筆墨繪圖，主題跟浴女與性暴力有關。

1928（47 歲）

又開始做雕像（第一次於 1914 年）。

遇見雕塑家貢薩雷斯（Julio Gonzalez）。

夏天，跟歐嘉與保羅到迪納爾渡假。

做小幅畫，顏色強烈，較流線。

用鐵線，完成一些構成品，紀念死去的老友阿波利奈爾。

1929（48 歲）

跟貢薩雷斯一起做雕像與鐵線的構成品。

畫一系列女子的頭與暴力，表現觸礁的婚姻。

夏天，到迪納爾渡假。

1930（49 歲）

在貢薩雷斯工作室，創作金屬雕像。

2 月 7 日，完成名畫〈受難圖〉。

在巴黎北方的日索爾（Gisors）買下博瓦吉盧（Chateau Boisgeloup）。

到朱翁雷班渡假。

為奧維德《變形記》的插圖，做 30 張蝕刻畫。

為瑪麗－德雷莎安頓一個家，位於 44 Rue la Boétie。

作品出現瑪麗－德雷莎的形象。

1931（50 歲）

用金屬濾器，完成一尊雕像〈一名女子的頭〉。

在博瓦吉盧設立「雕刻家工作室」。

做一系列的巨大的頭與半身像雕像。

到朱翁雷班渡假。

蝕刻畫在史基拉（Albert Skira）與沃拉爾的兩家畫廊展出。

1932（51 歲）

一系列畫，有坐臥姿態的金髮女子，模特兒是瑪麗－德雷莎。

在巴黎與蘇黎世做回顧展。

收藏家兼出版商傑沃斯（Christian Zervos）出版畢卡索的第一本畫冊。

用超寫實風格，模擬格呂內華德（Matthias Grünewald）的伊森海姆祭壇畫〈基督受刑圖〉。

1933（52 歲）

為《沃拉爾系列》做「雕刻家工作室」主題的蝕刻畫。

做「人身牛頭怪物」主題的繪圖。

夏天，帶歐嘉與保羅到坎城（Cannes）渡假，然後到巴塞隆納見老友。

費爾南德出版回憶錄，畢卡索阻擋不成。

1934（53 歲）

創作大量蝕刻畫。

在博瓦吉盧做雕像。

帶歐嘉與保羅旅遊西班牙，到聖塞瓦斯蒂安（San Sebastian）、馬德里、托雷多（Toledo），與巴塞隆納各地觀賞鬥牛。

在巴塞隆納的加泰隆尼亞美術館，看見羅馬風格的藝術。

從觀望到加入

1923 年夏天，畢卡索在安提貝海岬渡假，當時「超現實

教宗」布列東也在場，這位口才極好的詩人說了一些長篇大道理，談到尼采，談到夢境與無意識，談到反中產階級的價值、反宗教、反傳統、反道德的思想，這讓畢卡索回想起年輕的時光，參加「四隻貓」與沐浴知性的情景，於是，他心開始發癢。

　　因超現實的引導，認為芭蕾是中產階級的產物，應該鄙視，不要再去搞這些東西；但心另一半在猶豫，過去的好友像布拉克、格里斯、馬提斯與德朗也為芭蕾舞團作設計，他不甘落於人後，既然他們也這樣投入，他一定得超越才行。說來，畢卡索野心極大，競爭力之強，到了可怕的地步，處處將別人踩在腳底，那就是為什麼他在表演藝術上如此下功夫的原因了。

　　1924 年 6 月 14 日，畢卡索設計的音樂劇「水銀」在巴黎演出時，觀眾有一些超現實文藝家，包括布列東也親臨現場，當一出現貴派情節，他們就在台下叫囂，表示不屑，但畢卡索出現時，他們鼓掌叫好，之後，聯合寫一封信給《巴黎報》，表示：

> 我們想表達對畢卡索的仰慕，他鄙視所有神聖與傳統的東西，用不安的心創作，一直持續著，在現今，尋找焦慮的元素……，畢卡索超越了他的同儕，如此，被視為青春永駐的化身，也是一名屹立不搖的大師。

　　完成「水銀」劇之後，畢卡索發現自己被這些革命份子視作偶像，他喜歡被重視、被灌迷湯的感覺，從此，越來越

靠近超現實圈，他向來不跟其他團體或其他藝術家聯展，但1925 年 11 月，他打破原則，這次，允許自己跟別人的作品擺在一起，參與超現實第一次展覽。

魔鬼的愛與恨

　　跟畢卡索生活在一起，歐嘉挖出一些他的過去，特別他與前任女友費爾南德的關係，讓她吃味，她心胸狹窄，他越來越受不了，再加上超現實的影響，心也慢慢轉移了。

　　在 1925 年，畢卡索初次意識婚姻危機時，畫下〈舞〉一作，在進行前，接到好友彼丘過世的消息，彼丘是過去患難的友人，娶了一名叫潔蔓（Germaine）的女子，在畢卡索的心裡，她是一只掃把星，之前把好友卡沙傑馬斯害死，現在彼丘又死於非命，這〈舞〉原先是為了紀念彼丘而畫，但歐嘉一事，搞的他心煩，所以，此幅刻畫了三角關係，在這裡，我們看到中間的人物擺出一副姿態，像耶穌掛在十架上一樣，受苦受難，兩旁人物的相連的手，形成一把鋸子拉扯，從這兒，畢卡索的苦不堪言可想而知了。

　　〈舞〉讓我們體驗到畢卡索重回立體派，他的恨，他的焦慮，他的仇，他的魔鬼，他的毀滅性格……又一一回來探訪他。1926 年，他以吉他為主題，創作一系列的組合藝術品，牽涉的媒材相當多樣，有襯衫、抹布、指夾、細繩……等等，還採用十七片的兩吋指夾，他的東西似乎變的尖銳、血腥，即如他說的：藝術品不是拿來欣賞，是用來當武器。只要人一接近，一不小心，可能被割傷，還會流血不止啊！

1926 年 11 月 22 日，賈克伯寫一封信給高克多，揭露畢卡索的精神狀態：

> 你對畢卡索的評價是正確的，他恨他的畫，就如他恨魔鬼、恨內在的邪惡、恨「被愛慕的」女人，所有的矛盾可在他身上找到：同時，他對他的生活發怒，也對他領導的觀念發怒。你說的很對：他恨每件事，甚至恨自己：同時，他愛所有，也愛他被稱羨的作品。他其實就是人們稱的無底洞，一片混亂。就像維柯（Giovanni Battista Vico）談的神，畢卡索並不是神，但他把自己塑造為神。

賈克伯與高克多熟識畢卡索，對他觀察入微，是的，他一身的矛盾，精神的混沌不清，甚至視自己為神，自戀的程度達到了頂點。

說來，超現實強調無理性、不安的情緒、焦慮的創作、熱情帶恨的打倒傳統，及破壞後再造另一尊神，種種的跡象，與畢卡索的狀態配合的天衣無縫。

打破所有的禁忌

超現實圈的男性藝術家宣揚「無拘束愛情」，也認為人應該排除道德的顧慮與忌妒的心理，自由的選擇性伴侶，有這當擋箭牌，46 歲的畢卡索開始一段婚外情。

那是 1927 年 1 月 8 日，他在拉法葉流行屋前遇見 17 歲

的瑪麗－德雷莎・華特，她有一張姣好的臉蛋，有古典的希臘鼻，一對藍灰眼，一襲金髮，她的側面特別美，模樣猶如雕像，讓畢卡索興起愛慕之意，他立即抓住機會，將她抱在懷裡，並說：

我是畢卡索！妳和我可以一起做偉大的事情。

六個月後，他們正式成為情人。

為何要等六個月呢？原來，等她滿 18 歲，他們才上床做愛，這一天對兩人來說是重要的，畢卡索在多年之後（63 歲時）寫了一封信給瑪麗－德雷莎，揭露出這天對他的重要性：

今天，1944 年 7 月 13 日，是我因妳而重生的十八年紀念日，也是妳出生在這世上的十八年，因為遇見妳，我開始活了下來。

畢卡索講的這段話一點也不假，將近 50 歲的中年男子，無法在婚姻獲得滿足，恐懼即將老去，害怕創作走下坡，對未來的惶惶然，焦慮與不安因此而起，能遇到瑪麗－德雷莎，跟她調情，一起做愛，說明了什麼呢？

一來，他們相差將近三十歲，證明愛情沒有年齡的限制；二來，此是一段婚外情，越過了道德與許諾的界線；三來，這位情婦還未成年，他膽量的觸碰到戀童癖的問題。

總之，1927 年 7 月 13 日這天，他打破社會的制約、成見、疆界，與禁忌，是他一生最重要，也是最難忘的大事。

　　就算他往後有不少情人，瑪麗－德雷莎有著不可取代的地位。若問誰是畢卡索一生的最愛？我認為非她莫屬了。從兩處判斷：當他畫她時，身體從沒有扭曲，線條柔柔的、彎彎的、順順的，毫無掙扎的跡象，這代表他對她的溫柔之情；另外，於 1973 年，他過世的前一個禮拜，身子非常虛弱時，他寫一封信告訴她：「妳是我僅僅愛過的女人。」無法否認的，此是他「最愛」的證明了。

打開神秘之鑰

　　1928 年夏天，當畢卡索跟妻兒到迪納爾（Luchino Dinard）時，他把情婦藏在附近的一個渡假營區，供小孩玩耍的地方，因瑪麗－德雷莎未成年，必須待在兒童營裡，倒沒有什麼奇怪，只是畢卡索無法正大光明與她相處，一切得在暗處。

　　沿著迪納爾的沙灘，潮來潮往的人嬉戲玩耍，瑪麗－德雷莎愛游泳，畢卡索喜歡看少女玩水、跳躍，而一旁的更衣屋散發了一種神秘的力量，他迷惑不已，他當時完成一幅〈浴者打開更衣小屋〉，那背景，一看即能辨識海與天空，中間的形體看來如一隻可愛的馬，垂直站立，牠拿著一把鑰匙，正打開此小屋。

　　這時候，畢卡索過的日子如雙面人，在人前與妻兒一起生活，在人後卻與情婦私密的來往，所以連畫她也得用暗語，因此，這影射這名小情婦正拿一把鑰匙，準備開啟神秘的屋子。

　　畢卡索曾說：

> 我喜歡鑰匙，於我，它很重要，真的鑰匙時常縈繞我
> 心，在浴者系列作品，總是有人拿著一把大鑰匙開一
> 扇門。

這扇門通往無意識，許久以來，他渴望一名女子持著一把秘密的鑰匙，將他的無意識之門打開，迎她進來。

我不由得想到維斯康堤（Visconti）在 1971 年拍的一部電影「魂斷威尼斯」，主角卡斯塔夫（Gustav）經常思考何謂「美」？他踏上威尼斯，目睹到未成年的稚嫩臉龐，身上散發出的活力，像勾魂似的，一種美的救贖、愛的渴望，及精神的昇華，都在那一刻發生了，這些同樣是畢卡索在美學深淵裡的探索，更難以言說的眷戀啊！

從 1931 年開始，除了認真做雕塑之外，他更甩出爆發性的能量，畫下一連串的靜物畫，其中一張 1931 年 3 月 11 日完成的〈柱腳桌上的靜物〉，表面看來像靜物，若仔細瞧，發現有水果、桌巾、甕，還有瑪麗－德雷莎的優美曲線，若再多看幾眼，會找到男性的陽具，其實，藝術家描繪的是與情婦交歡的情景。

當然，畢卡索與這少女的關係是一段地下情，他不得不用隱喻，解開密碼還得用一把進入無意識之門的「鑰匙」才行呢！

CHAPTER 7

戰爭的愁緒

〈三個羊頭骨〉
1939 年　油彩，畫布
65 x 89 公分
私人收藏

1935（54 歲）

　　完成名畫〈室內，一位畫畫的少女〉。

　　從 5 月到隔年 3 月，停止創作油畫。

　　完成蝕刻版畫〈牛頭怪鬥士〉，是藝術生涯的最高峰。

　　瑪麗－德雷莎懷孕。

　　6 月，跟歐嘉分居。

　　7 月，好友詩人薩巴特當他的秘書。

　　因財產分配問題，離婚有阻。

　　10 月 5 日，女兒瑪亞（Maya）出生。

1936（55 歲）

　　作品在巴塞隆納、畢爾巴鄂（Bilbao），與馬德里做巡迴展。

　　跟瑪麗－德雷莎與瑪亞到朱翁雷班渡假。

　　專注牛頭怪鬥士的主題。

　　7 月 18 日，西班牙內戰爆發。

　　西班牙共和黨請他擔任普拉多博物館（Prado Museum）的館長。

　　8 月，在慕冉（Mougins）渡假。

　　遇見攝影家寶拉・馬爾（Dora Maar，1907-97），之後成為情婦。

　　秋天，歐嘉待在博瓦吉盧，自己住在沃拉爾的房子，瑪麗－德雷莎與瑪亞也跟著搬進去。

1937（56 歲）

　　完成蝕刻版畫〈佛朗哥之夢與謊言〉。

　　落新居，位於 7 Rue des Grands Augustins。

　　被德軍 4 月 26 日的空擊格爾尼卡（Guernica）事件觸發，完成名畫〈格爾尼卡〉，為巴黎世界博覽會展出的壁畫。

　　夏天，在慕冉渡假時，完成六張李・米樂（Lee Miller）肖像畫。

　　在貝爾（Berne）遇見畫家克利（Paul Klee）。

　　紐約現代藝術博物館以 24,000 美金買下〈亞維儂的姑娘〉。

1938（57 歲）

　　為女兒瑪亞畫一些肖像。

　　完成一件大幅拼貼作品〈梳妝的女人們〉。

　　夏天，跟寶拉到慕冉渡假。

　　8 月 21 日，畫〈受難〉圖。

　　冬天，患嚴重坐骨神經痛。

1939（58 歲）

　　母親過世。

　　同一天，畫瑪麗－德雷莎與寶拉，兩人一模一樣的姿態。

　　7 月，跟寶拉與薩巴特在安提貝渡假，住進曼・瑞（Man Ray）的公寓。

　　沃拉爾過世。

　　完成名畫〈在安提貝夜釣〉，寶拉被擺在右側，拿冰淇淋騎著腳踏車。

　　大戰爆發前，帶寶拉與薩巴特到魯瓦揚（Royan），瑪麗－德雷莎與瑪亞隨後加入，一起住到隔年 8 月。

　　他大型回顧展（共 344 件作品）在紐約舉行，有一幅是〈格爾尼卡〉。

1940（59 歲）

通勤於魯瓦揚與巴黎之間。

完成名畫〈梳理頭髮的女子〉。

德軍進攻比利時與法國，6 月，佔領魯瓦揚。

回巴黎。

1941（60 歲）

寫一部諷刺性的超現實劇本《被尾巴拖曳的慾望》（Le Desire Attrape par la Queue），三日內完成。

瑪麗－德雷莎與瑪亞搬新處，位於 Boulevard Henri IV。

無法到博瓦吉廬做雕像，只好待在巴黎，浴室充當雕塑工作室。

1942（61 歲）

3 月 27 日，貢薩雷斯過世。

完成名畫〈裸女與音樂家〉與〈閹牛的頭骨與靜物〉及青銅雕像〈人與羊〉。

被弗拉芒克的一篇雜誌文章攻擊。

提早宣戰

畢卡索從 1920 年代初，在藝術界享有無上的尊榮，圍繞他身邊的是迷思、傳奇，與美化的形象，他過去不少朋友，雖看不慣他的作風，只是私底下批評，在公共場合與媒體上，依然對他忠誠。

但突然，在 1933 年尾，費爾南德未經畢卡索的允准，出版了一本回憶錄，裡面描寫了一些不為人知的畢卡索，書的

內容對他，像拋了一顆炸彈一樣。

這段期間，他與歐嘉的婚姻陷入焦灼，離婚說的容易，實行起來卻困難重重，財產分配的問題，不僅不動產分半，連畫作與財務也要分半，他想了又想，損失太大，整個人激怒了起來，腦筋都快爆炸。

與瑪麗－德雷莎的關係呢？也沒好到哪兒去，她懂得順從，但腦袋空空的，時間一久，畢卡索也覺乏味，詩人、藝術家兼收藏家潘若斯（Roland Penrose）曾形容她：「畢卡索此生認識的，唯一沒有知性、俗氣到底的女子。」畢卡索本身也假借與她的關係，訴說一段故事：

> 兩個情人，一個是法國人，另一個是西班牙人，他們快樂的住在一起，直到她學習他的語言，當他發現她多麼愚蠢時，愛情就結束了。

接下來，他渴望尋求一位知性的伴侶。

但問題是，他憤怒，內心有釋放不出的悶氣，怎麼也畫不出東西來，當 1936 年 4 月能提筆作畫時，他把焦點放在牛頭怪鬥士主題上，圖像裡，呈的狀態是筋疲力竭，累垮的身體可見一般了。

他用西班牙文寫詩，寫些無愛，無希望，盡是一些邪惡、暴力，與魔鬼的變形，其實，在西班牙內戰與第二次世界大戰還未爆發之前，他已跟世界宣戰了。

變形與面具

1934 年下半，他到巴塞隆納各地看鬥牛，運用他所知的技巧，為看到的景象創作，大量大量的，樣式繁多。

這些鬥牛主題，於我，仿如希臘羅馬神話的酒神（Dionysus），多種形體，隨時變來變去，像尤里庇底斯（Euripides）的著作《巴克伊》（The Bacchae），不斷呼喊酒神：

出現如一隻公牛，或如很多頭的龍，或如噴火的獅子。

同時，此神還可變成其他的模樣，豹、公豬、蛇、火……等等。

畢卡索說：「我一定要尋獲面具。」他一副雄風，底子卻藏著恐懼、混沌、焦慮，與折磨，內在脆弱的很，為什麼戴上這麼多奇奇怪怪的面具呢？理由很簡單，遮住那些見不得人的東西，他不想讓人看到真實。

血之色欲

畢卡索的所有情人中，最聰穎、同質性最強的一位是前衛派的攝影家攝影家竇拉・馬爾。藝評家約翰・理查森（John Richardson）（也是畢卡索的好友）說：「唯有竇拉的性格與想像力才能跟畢卡索相配，只因同樣擁有等量的磁性。」

　　寶拉的本名海蕊特・西颿寶拉・馬可維奇（Henriette Theodora Markovitch），出生於法國，她常驕傲的說自己誕生時，畢卡索完成〈亞維儂的姑娘〉，彷彿有前世今生的意味呢！她父親是一名克羅埃西亞（Croatia）的建築師，母親是虔誠的圖爾天主教徒，身為獨生女，3 歲時搬到阿根廷的布宜諾斯艾利斯（Buenos Aires），學會英、法、西班牙文，19 歲移居巴黎，進入學院受訓，從事繪畫與攝影，那時，她把名字改成寶拉・馬爾。

　　話說 1936 年某一天，畢卡索正與詩人保羅・艾華德（Paul Eluard）在雙叟咖啡屋（Deux-Magots）聊天，看見坐在一旁的寶拉，戴上玫瑰花紋的黑手套，也將手放在木桌上，搖動刀子在指尖遊走，偶不小心，刺傷了，玫瑰花紋立即沾上血跡。如此膽大，畢卡索起了讚嘆，走向她，用法語問候，寶拉說出一口流利的西班牙文，那親切，令人印象深刻。從此刻起，牽繫未來九年的情愛關係，他有家室，有情婦，有小孩，輕易愛戀的本性不改，寶拉明瞭這多重關係，仍願意跟他作伴。

　　相遇之前，寶拉已是一位知名的攝影家，那雙沾有血跡的手套，之後成為畢卡索的珍藏物，他愛觀賞鬥牛場的競技，瘋狂到了極點，在動物的血噴出的一刹那，熱情與澎湃也立刻湧上。若知道他的習性，就不難理解為什麼當寶拉用刀刺手，眼見血流，他的色欲即被啟動了。

　　有趣的是，寶拉從哪兒學來這個招術呢？1935 年，她與小說家巴特（Georges Bataille）有一段戀情，他專長色情與性虐待狂主題，同一年，寫下一篇〈月亮的憂鬱〉（Blue of

Moon）小說，他描述：

> 透過她穿的洋裝，我用叉子的尖銳處往她大腿上刺，
> 她尖叫，企圖想跑走，把兩杯紅酒翻倒後，又推開椅
> 子，之後她掀起裙子，察視自己的傷口，哇！底下的
> 世界美極了，那赤裸的大腿真讓我著迷，其中一個尖
> 叉比其他銳利，插進了皮膚，此時，血液涓涓的滴
> 流……。

這女子不是別人，是竇拉呀！不論兩人之間是否玩的那麼瘋
狂，這段文字觸及的「血之色欲」，跟她在雙叟咖啡屋的大
膽演出絕對有關。

　　竇拉與畢卡索認識的頭一年，他們跟超現實派攝影家
曼・雷學作版印，這對情侶共同拍照，也一塊做實驗。畢卡
索第一次接觸攝影，覺得新鮮，當時曼・雷為竇拉照一系列
的相片，畢卡索認為角度取的獨特，馬上模仿，畫下她頭部
右上缺角的模樣，可見畢卡索的捕捉力之強，也反映出他的
好勝心。

　　這時候，在他眼裡，她是詩歌、是小鳥、是花朵、是水
精靈……。她的存在，幻化多變的性格，不斷湧向他，成了
源源不絕的靈感。

　　畢卡索抒寫一首詩，擁抱她的美：

　　　她的大腿
　　　她的臀

她的屁股

她的肩膀

她的小腿

她的手

她的眼睛

她的臉頰

她的頭髮

她的鼻子

她的喉嚨

她的眼淚

在星球上，拉下的寬簾幕與藏在燒烤之後的透明天
空……

油燈，還有在人們之間駐足的甜蜜金絲雀，牠身上掛
著小鈴鐺……

牛奶似的羽毛筵席，是從裸女的笑奪取過來的；

手臂的重量是由蔬菜園中的花那兒拿過來的……

在學校的草原上，有許多已死的遊戲，這些都掛在由
歌串成的樹枝上……

引誘血與薊花的湖

蜀葵與賭博共舞著

……

　　畢卡索寫詩，賈拉用紅墨水照樣抄寫，並註明：「清晨
兩點三十分，自戀的男人在燒滾的湯上方看著自己。」他自
戀，她呢？緊緊跟隨。

哭泣的女人

我們對畢卡索的「哭泣女人」應不陌生吧！這針對一個人 —— 情婦寶拉。

認識她一段日子後，他為她作一系列的肖像畫，大都一副哭喪的臉，難道她真那麼憂鬱嗎？只要曾接觸過她的人，都認為她堅強、高貴，有十足的傲氣，說來，極少落淚。奇怪的是，為什麼畢卡索執意的塑造一個完全不屬於她的形象呢？

為什麼「眼淚」加諸於她呢？在畫裡，她也經常被擺放在一個狹窄的空間或難受的位置上，百般的扭曲、折磨，同樣的，為什麼又落在寶拉的身上呢？對於這樣疑慮，畢卡索回應：

> 寶拉於我，總是個哭泣的女人，一直這樣……我發現女人是個受難的機器，這很重要。

怎麼講出這般話呢？若要解開「哭」的迷思，我想，得回到根本的現實，那就是戰爭與愛情。

一方面，西班牙內戰（1936-1939），左右兩翼相爭浮現檯面，右派的佛蘭可將軍獲勝，讓這一對篤信左派的愛人感到嚴重受挫。隨後，德國納粹政權入侵法國，二次大戰（1939-1945）爆發，他們的心情跌至了谷底。另一方面，他們在知性與政治理念程度上相當，兩個獨立性之強的藝術家

碰在一塊，彼此難妥協，爭執與對抗終將成為必然，這就為什麼憂慮元素被注入的緣故了。她的「眼淚」與「折磨般身體」，象徵的不外乎畫家的苦悶啊！

總之，戰爭期間，他畫她，沒有美麗的曲線，沒有甜蜜的氣氛，有的卻是那凶狠的扭曲及殘暴的虐待。

格爾尼卡

1937 年初，西班牙共和黨政府委託畢卡索幫巴黎世界博覽會的西班牙館作一件壁畫，他毫不猶豫的一口答應下來，然而當時他處於低潮期，在缺乏靈感之下，遲遲無法動筆，寶拉建議他讀一些國際新聞，藉此了解外界發生了什麼事。順從她，他拿起了報紙，得知北西班牙的格爾尼卡被轟炸的消息，那發生在 4 月 26 日，約一個月後，大幅新作〈格爾尼卡〉出世了。

在這張畫裡，有女人抱住死嬰尖叫、即將死去的馬、吶喊的鳥、男子手握住鍛刀躺在地上奄奄一息……等，所有人物的手掌與腳掌刻著深深的傷痕。據說是畢卡索從報紙刊登的照片，看見戰爭的慘狀，立即動筆，決定以遍地死傷的人與動物當主題。事後，他替此畫做詮釋，說道：

> 畫不是拿來裝飾房間，它應該被當作一個戰爭的工具，對抗血腥與黑暗。

一句多麼充滿政治理想的話語啊！

　　然而在一本佛朗桑娃・姬歐寫的回憶錄《與畢卡索在一起的生活》（Life with Picasso）裡卻有另一段插曲，佛朗桑娃是畢卡索 1944 至 1953 年間的伴侶，她揭開了〈格爾尼卡〉的迷思，就在畢卡索缺乏靈感之際，情婦瑪麗－德雷莎突然闖進工作室，寶拉剛好在那兒：

> 瑪麗－德雷莎說：「我與這個男人已有了孩子，這是屬於我跟他的地方，妳得立刻滾開。」寶拉冷靜的說：「我雖沒懷他的小孩，但看不出妳我有何不同。跟妳一樣，我也有留在此地的理由。」爭執之厲害，畢卡索卻還在那兒繼續作畫……最後，瑪麗－德雷莎轉向畢卡索：「你要做個決定，我與她之間，你得選一個。」畢卡索回說：「實在很難下決定，我欣賞妳們兩人的不同，瑪麗－德雷莎如此甜美與溫柔，總服服貼貼的；寶拉更是絕頂聰明的女孩……妳們自己解決。」

　　話一說完，兩個女人當場打鬥了起來，他袖手旁觀。他向佛朗桑娃透露，她們的爭端才是此畫的起源。

　　在這件作品裡，左側的蠻牛（米諾圖）代表藝術家本人；底下的女人與嬰兒是瑪麗－德雷莎與肚裡的孩子，那無助的身軀說明了她當時可憐祈求的模樣；畫的右側，有一名女子瘋狂的兩手朝天，是寶拉；那麼橫躺在地上的人是誰呢？這癱塌倒地的男子也是畢卡索本人，儼然一副被女人折騰的筋疲力盡，另外，設置在天花板中央的那一盞燈，象徵寶拉拍攝時閃爍的光，中間的燈泡代表鏡頭。值得一提的是，整張

畫從預備到最後完成，寶拉全程參與，她也在各情境下，不同的時間，用多樣的角度，拍成一系列的照片，為這巨畫作完整的紀錄。

除了給予建議、拍照，當知性伴侶外，若仔細觀察，中間那匹馬身上無數的垂直短線，也是寶拉一條一條耐心畫出來的，總之，她為此畫的奉獻可不小呢！

〈格爾尼卡〉的角色與姿態，及相互的親密與衝突，畢卡索之前沒處理過，此為頭一遭，不過有趣的是，鎮靜的蠻牛（左側）與驚慌尖叫的馬匹（位於中央）雙雙搭配，早在之前，他已一而再，再而三重覆使用了，所以，這兒的牛與馬的相對並非第一次，也絕非新創。另外，他的預備圖是在巨畫完成後才進行的，藝術家們通常先將工夫下在預備圖上，過程如思考、做研究一般，然後才正式移到油畫上，但，畢卡索將前後的次序，顛倒過來。

越深探，我越發現，他的抗戰與博愛精神、同情無辜與憐憫死傷，其實是人們為他塗上的浪漫色彩而已。下回當我們觀賞他的作品時，可千萬別忽略他私生活的趣聞，通常這是他創作的激素呢！

不可否認的，畫內容表現出的殘酷、恐慌、傷痛、苦惱、筋疲力盡、破壞性……等等，符合了戰爭帶來的情境，人說象徵符號比事實更有說服力，用於此可真恰當，畢卡索明瞭人懶得探索真實，傾向第一眼的震撼，他成功的做到這一點。〈格爾尼卡〉不但是左翼份子的最愛，搖身一變，成為當今最重要的反戰作品。

詩拖曳的慾望

1941 年 1 月 14 日，畢卡索做了一張自畫像，在此，他禿頭的模樣，把自己畫的像老人一樣，這時，他宣稱自己是寫詩的，還說未來的歷史會記載他是一名詩人，而非畫家。

這是在沒有圖像的靈感之下，他退居於文字，沉醉在詩的世界裡，他時常把筆、紙放在口袋，想到什麼就寫下來。因超現實主義鼓吹的自動性技法，他大膽的亂寫，拋棄標點符號，說那是陳腐的，形容它仿如一只纏腰布，隱蔽了文學最私密的部份，還說：

> 我傾向發明自己的文法，不盲目陷入一個不屬於我的規則。

他發表詩的想法，彷彿有一種詩的革命之父的姿態。

有一次收藏家兼出版商傑沃斯（Christian Zervos）跟他談到文字的正確性，畢卡索反應那一點不重要，關鍵在於「熱誠」：

> 在我們這個情緒低落的時代，最重要的是創造熱情，有多少人真正的讀過荷馬的史詩？整個世界談他時，都是一樣的，在這方面，荷馬的傳奇就被創造出來了，一個傳奇激發了一個有價值的觸媒，熱誠才是我們急需的。

　　只要熱誠衝上天，就夠了，其他詩該持有的元素，根本不屑一顧，這是他對詩的信仰。傳奇伴隨的迷思也是他緊緊擁抱的，他日以繼夜努力，最終的目的是想要創造一個驚天動地的「畢卡索傳奇」。

　　當德國納粹入侵法國，一些好友選擇到美國避避風頭，畢卡索有太多的畫作，一時帶不走，又需要照顧身邊三個女人與小孩，他的左翼思想也引起美國政府的疑慮，因此居留的申請遭到拒絕，最後不得不留在巴黎。戰爭期間，他變的低調，閉口不談政治，這一年，畢卡索心血來潮寫下《被尾巴拖曳的慾望》，那是超現實模式的諷刺詩劇，三天內就完成了，裡面有一段文字：

> 　　對愛情起伏與情緒變化，恐懼油然而生，也害怕憤怒的高潮迭起，她頭髮像溶化的金屬，沖洗時，痛苦的尖叫，混合一種擁有她的喜悅在敞開的鏡面上，迎向四面吹來的風，揭露她扭曲醜陋的臉，與不堪的表情，在白鴿飛翔的冷酷上，血的硬度如她，一切變的很香……。

　　從這兒，我們偵測到情愛的高潮，但又難以釐清的複雜思緒。然而，重點是他強調既然折磨、受難是每日的必然，那麼我們就得好好的、嚴肅的看待邪惡，他甚至悲觀的認為世間無法驅散它而被拯救，就像劇本裡的主角「大腳」（Big Foot）在第五幕說的：

　　墨水的黑漆漆包裹著太陽唾液的光芒。

　　沒有光，沒有希望，眼前的一片黑矇矇。

　　四年後，1944 年 3 月 19 日，此劇的朗讀會在巴黎舉行，參加的人士都是文學界的巨人，包括卡繆（Albert Camus）、西蒙·波娃（Simone de Beauvoir）、沙特（Jean-Paul Sartre）、雨涅、格諾（Raymond Queneau）……等等。

　　雖然畢卡索本身不讀書，靠他那一身的蠻力與衝勁，也晉升成一位詩人了了。

CHAPTER 8

政治機器

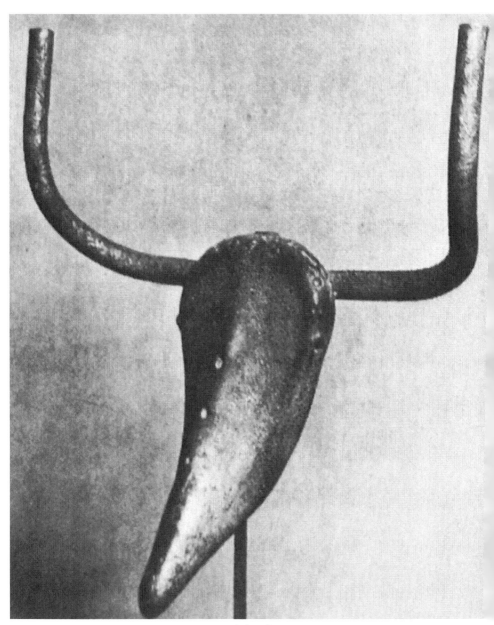

〈牛頭〉
1943 年　青銅

1943（62 歲）

完成一件重要的組合品〈牛頭〉。

創作雕像。

與女畫家佛朗桑娃・姬歐相遇。

重新再畫畫。

1944（63 歲）

賈克伯被逮捕，死於集中營。

完成大件雕塑品〈羊與人〉。

劇本《被尾巴拖曳的慾望》朗讀會，參與者有卡繆、西蒙・波娃、沙特、格諾……等等。

8 月，巴黎解放，模擬普桑（Nicolas Poussin）的〈牧羊神的勝利〉，完成好幾個版本。

10 月，加入法國共產黨，由《人道》（L'Humanité）宣佈。

17 歲女學生吉納薇・拉波特（Geneviève Laporte，1926- ）來訪。

74 幅畫展在秋季藝術沙龍。

1945（64 歲）

完成名畫〈卡內爾屋〉，與〈格爾尼卡〉配對。

畫一系列靜物。

7 月，跟寶拉在安提貝渡假。

為佛朗桑娃租下房子，她卻到布列塔尼。

用一幅靜物畫賣的錢，買下梅納村（Ménerbes）的屋子，送給寶拉。

在莫何洛（Fernand Mourlot）工作室，製作平版印刷，

到 1949 年，共產 200 件。

1946（65 歲）

佛朗桑娃成為情婦，一起到尼斯（Nice）拜訪馬提斯。

7 月，帶佛朗桑娃到梅納村。

佛朗桑娃懷孕。

在安提貝博物館工作，四個月後捐畫，此處之後改為畢卡索博物館。

超現實圈的繆思娜徐（Nusch Eluard）突然過世。

美國經紀商庫茲（Sam Kootz）專程到巴黎買他的畫。

1947（66 歲）

繼續在莫何洛工作室，製作平版印刷。

將 10 幅畫送給巴黎的國立現代藝術博物館（Musée National d'Art Moderne）。

5 月，透過藝術史家喬治斯‧薩爾司（Georges Salles），畢卡索捐給法國政府的作品與古典大師作品一起在羅浮宮展出一天。

5 月 15 日，佛朗桑娃生下克勞德（Claude），他的第三個孩子。

開始在穆都拉陶瓷廠（Modoura）製作陶瓷，直到隔年，共製作 2,000 件。

1948（67 歲）

搬到瓦洛里（Vallauris）的威爾士別墅（La Galloise）。

8 月，參加波蘭的「沃克勞知識份子和平代表大會」（Congress of Intellectuals for Peace in Wroclaw），順道拜訪克拉科夫（Cracow）與奧斯威辛（Auschwitz）。

陶瓷展在巴黎展出。

做佛朗桑娃的肖像。

1949（68 歲）

「鴿」的平版印刷當作巴黎世界和平代表大會的海報。

4 月 19 日，佛朗桑娃生下帕洛瑪（Paloma，西班牙語，意指鴿子），他的第四個孩子。

租下一間香水工廠當工作室，用儲藏室來做陶磁。

完成大量雕塑品。

瓜葉菊的盆栽

1943 年春天，畢卡索在一個餐宴上遇見了一位女畫家佛朗桑娃・姬歐，他們相遇可說天註定的。

話說，佛朗桑娃的繪畫啓蒙者是匈牙利畫家羅茨塔（Endre Rozsda），他一向很仰慕畢卡索，有一天，他決定離開巴黎，回到布達佩斯定居，臨行前，依依不捨，告訴佛朗桑娃雖然將去遠方，但相信未來她一定能尋獲一位好畫師來引導他，還丟下一句：

三個月過後，妳將會遇到畢卡索。

果然，這預言準的很，不到三個月，她真認識了畢卡索。

那是在一個晚宴上，演員阿蘭・蓋音（Alain Cuny）帶著佛朗桑娃與好友艾莉括特（Geneviève Aliquot）一起拜訪畢卡索，用餐時，她們的美，果然逃不過大師的視線，他先

起頭：

畢：蓋音，你不介紹旁邊的這兩位朋友嗎？

蓋音：佛朗桑娃是屬於聰明型；艾莉括特屬於美麗型，你不覺得她像雅典的大理石嗎？

畢：你的口吻，一聽就像演員，你如何詮釋這位聰明型的女孩呢？

艾莉括特回說：佛朗桑娃是一位佛羅倫斯的處女。

蓋音：不尋常的那種，一位世俗化的處女。

畢：假如她不是非尋常的那種，會更有趣，但她們做什麼？妳們兩個攻讀藝術史嗎？

艾莉括特說：我們是畫家。

畢笑了起來，說：這是我整天下來聽到最有趣的事了，像妳們這樣的女孩，不可能當畫家。

佛朗桑娃不服氣，講出：我們很認真作畫，事實上，此刻在布瓦西・德安格拉大街（rue Boissy d'Anglas）的瑪德琳娜・德克雷畫廊（Madeleine Decré）有個聯展，位於協和廣場（Place de la Concorde）後面。

畢：好吧！我也是畫家，妳們一定要來我的工作室，看看我一些畫。

佛朗桑娃急切的說：什麼時候？

畢：明天，後天，什麼時候都行。

散宴之前，他告訴她來時，不要像麥加的朝聖者一樣，若只想看他的畫，建議到博物館就好了，並說來看他是因為喜歡他，覺得有趣，想跟他談愛戀。

之後，她去探訪畢卡索的工作室。

　　有一次，她帶瓜葉菊的盆栽給他，畢卡索笑說：沒有人會帶這種花給我這樣的老人。但他的確注意花的顏色跟佛朗桑娃的洋裝十分搭配。他也親自到畫廊去看她展的作品，往後不斷的鼓勵她，她也常常來他的工作室。

　　就這樣，他們慢慢成了情人。

　　說到瓜葉菊的盆栽，或許因此物，之後畢卡索畫她的時候，總將她想像成「花女」，他向她解釋：

> 我們多多少少都有動物的成份，3/4 的人臉像動物，但是妳不一樣，妳像一株正在長大的植物⋯⋯很奇怪，對不對？

　　在畢卡索的心裡，她是一朵花，持續的成長，一來是那盆栽的影響，二來也因為她聰明靈俐，一向獨立自主，學東西學的特快吧！

　　倒是，情愛初期階段，兩人發生一段趣事，有一天，他帶她到臥室，拿了一本薩德侯爵（Marquis de Sade）的書給她看，問有沒有讀過，她回覆沒有，但他卻炫耀的說：「啊哈！我嚇到了妳，對嗎？」佛朗桑娃不但沒嚇到，還反駁：

> 莫名其妙的，談薩德侯爵，只單單沉浸在裡面，做什麼呢？人們受折磨，受苦受難，那是現實沒辦法，為什麼把這種事用在性愛的遊戲上呢！我沒有興趣當一個犧牲品，也沒有興趣讓別人受難。

如此理性的回答，不願成爲半牛半人的犧牲品，那態度讓畢卡索吃驚，他不敢冒犯，於是說：

> 妳不像法國人，倒比較像英國人，妳有英國人的保留性格……妳是我見過唯一有自己「絕對窗口」的女人。

因佛朗桑娃，他睜亮了眼。

獨裁的邏輯性

1944 年 6 月，西線盟軍攻進北法，策略非常成功，德軍戰敗了，很快的，自由法蘭西軍團與地方的反抗軍合作無間，巴黎於 8 月 25 日解放了。沒多久後，畢卡索加入共產黨。

10 月，他接受《新群眾》（The New Masses）的訪問，幾天後刊登在共產黨的官方宣傳報《人道》，標題爲「爲什麼我要加入共產黨？」，內容如下：

> 加入共產黨是我一生與整個創作的邏輯性總結，我得驕傲的說，我從來沒把畫當作單純的娛樂或逃避的藝術，事實上，它們成為我的武器，藉由繪畫與顏色，我想潛入世界與人類更深的知識，以便每天賜予我們越多的自由，我嘗試用自己的方法去說什麼是我認為最真的、最正確的、最好的，自然這些將是最美的，如所有偉大藝術家所知的……。
>
> 這數年來，種種駭人的壓迫，向我證明，我掙扎的不

僅僅是我的藝術，也是我整個存在，所以，我不需要考慮就加入了共產黨，基本上，我從一開始就跟這個黨在一起了，阿拉貢、艾華德、卡蘇（Jean Cassou）、福格隆（André Fougeron），與我所有的朋友都知道，我之前為什麼沒有早一點加入，原因是一份「純真」，當時認為我的作品與我的心屬於共產主義就夠了，那已經是我黨派了，共產黨不就在了解與塑造世界方面下最多功夫嗎？他們不就在幫助現在與未來的人民，讓他們的頭腦變的更清楚、更自由、更快樂嗎？在法國、蘇維埃社會主義共和國聯盟，與我的西班牙，共產黨員不就是最勇敢的一群人嗎？有什麼可讓我猶豫，或害怕將自己交拖給黨嗎？此刻，我從來就沒感覺過這麼自由，這麼能做自己啊！

再次，我想擁有自己的國家，已沒有耐心再等了：我過去一直在逃亡，現在不用了，直到有一天西班牙會歡迎我歸巢，法國共產黨已經張開雙臂歡迎我了，我已經在那裡找到了我認為最珍貴的，最偉大的科學家，最偉大的詩人，當巴黎崛起時，所有我在八月時看到的燦爛與美麗的臉：我再一次在兄弟們中間。

　　第一句說的沒錯，與共產黨簽賣身契是他一生與整個作品的邏輯性總結，共產主義的系統主張打倒傳統，對黨的絕對效忠，與權力的獨攬，這倒與畢卡索的「獨裁」性格非常契合！因為他對他的朋友、愛人，與生活的態度如此。

　　他說過去一直在逃亡，19 歲時隻身到巴黎闖天下，23

歲後，常年待在法國，沒人逼他，一切心甘情願的，怎能說逃亡！他的地位，不管說什麼，對與否，眾人還是聽，也相信他，對他照舊，依然瘋狂膜拜。

　　這根植於 1884 年的意外（詳細請讀 Chapter 1），畢卡索 3 歲，家鄉的一場地震，讓他目睹到一個奇異的場面，畫師安東尼奧・穆諾茲・德格蘭從遠方歸來，與國王阿方索十二世抵達的豪華排場，當時，他將畫家的「才氣」與國王的「霸氣」畫上等號，自此後，養成了他愛「命令」與「獨裁」的性格，與驕寵的一生。

政權下的慘劇

　　1945 年 2 月，畢卡索開始畫〈卡內爾屋〉，一堆屍骨如山疊在一起，左上角一塊白布，上面擺放罐子與鍋子，顏色極為肅穆。與之前的〈格爾尼卡〉主題類似，都是政權下的悲劇，這兩幅成了配對之作。

　　許多藝評家解讀是納粹集中營的悲慘情狀，紐約現代美術館創始館長巴爾（Alfred H. Barr）倒點出了另一個觀點：

> 它像似聖母馬利亞哀痛的抱著基督屍體的圖像，但沒有悲痛；像似埋葬的墓地，但沒有哀悼者。

　　一團團的扭曲與痛苦的形象，卻無法勾起絲毫的感動。畢卡索擅長刻劃當代的矛盾，然而不能深透他對這些紛亂的理解。

另外 1951 年，他從西班牙哥雅的〈五月三日〉得到靈感，畫下〈韓國大屠殺〉，來抗議美國侵略。同樣的，類似的藍、白色調，一群全備武裝的軍人用槍對準左方的五名裸身者，這五個人何方神聖呢？原來，他身邊的四個女人（歐嘉、瑪麗－德雷莎、寶拉，與佛朗桑娃）與小孩！儼然又是一幅將私生活轉化政治宣傳的畫作。1952 年，畢卡索為瓦洛里的和平廟（Temple of Peace）完成兩幅巨大的壁畫，叫〈戰爭〉與〈和平〉，充滿政治的動機。

對共產黨黨員來說，這類的畫是理想、完美的文宣工具，但對於那些沒黨派之分的人，這些等同於三流的作品，作家詹姆士‧洛德（James Lord）失望的說：

> 這位畫家將美學弄死，還用美學做策略，那是暴力的最真模樣，畢卡索變了，圍繞他周圍是劣等只會拍馬屁的人與三流的藝術家而已，沒人提醒他的造詣消失了。

他的作品，在沒有意識形態介入之前，有豐富的美學意義，自從淪為宣傳武器，一切變的僵化，魔力怎麼使也使不出來了。

尼采的超人哲學

畢卡索這一生結交過許多好友，大多在生涯裡扶助他，將他捧上天，忠誠度沒話講，若問他對他們的態度呢？

寶拉曾當著他的面，咆哮：

> 身為一個藝術家，你或許超凡卓越，但在道德上，你
> 卻一文不值⋯⋯你這一生從未欣賞過任何人，因為你
> 不知道如何去欣賞。

　　她守在他身邊許久，看過他怎麼對待朋友與情人，下這
樣的結論應自有道理。
　　畢卡索不否認這個事實，也說：

> 對我來說，沒有人是重要的，就我所知的，其他的人
> 如那些小粒的灰塵，浮游在陽光下，只要掃把一揮，
> 他們就得走。

　　他一向持守尼采的超人哲學，享受周遭人的崇拜與愛
慕，自己卻沒有愛人的能力。
　　記得杜思妥也夫思基的《罪與罰》裡的故事，主角拉斯
柯尼科夫（Raskolnikov）殺了一名女子，陷入精神的折磨與
道德的兩難，之後，竟說出他沒有意思要殺她，但就這樣發
生了，甚至找理由，認為拿破崙是對的，說一個真正的領導
人可以允許做任何件事，至於其他人呢？像奴隸一般，活在
卑躬屈膝的日子下，傾向順從，也得順從，因為這是人的命
運，是自然之法！
　　這套哲學被畢卡索運用自如，他知道自己是天才，是偉
大的藝術家，沒人能超過他，是當國王的命，別人得委曲，
甚至犧牲幸福，來好好的服侍他。

神，信與不信

1948 年 8 月，畢卡索帶佛朗桑娃到凡斯（Vence）拜訪馬提斯，當時這位野獸派大師義務為多米尼加小教堂（Dominican Chapel）做裝潢設計，此事引發了這兩位巨人的爭執。

畢卡索訓馬提斯一頓，認為他瘋了，質問為何幫修道院建一座教堂，既然不信教，不信神，根本沒必要花心思在上面，建議他乾脆去蓋一個市場反而比較有意義。

畢卡索的反應激烈，是因為當代多數的藝術家不信神，早將祂拋的遠遠了，畢卡索與馬提斯也不例外，屬於無神論者，然而，步入老年的馬提斯在心境上有了轉變。

聽見畢卡索的訓詞，馬提斯答說：「我的綠比梨子更綠，我的菊比金瓜還菊，我為什麼要去蓋市場呢？」這句話倒回的十分幽默。

之後，再次會面時，畢卡索繼續抨擊，但馬提斯告訴他：

> 就我所關心的，這教堂本質上是一件藝術作品，我只是將自己放入在一種專心創作的情境，我不知道我信不信神，我認為我是佛教徒，但關鍵的是，我創作的心境與禱告很接近。

馬提斯創作時，感受到一種撲來的神性力量，他發現神父與修女們因信仰，對人類的奉獻到了不悔的地步，如此心

甘情願，他感動萬分，奉勸畢卡索：

> 沒必要裝一副聰明樣，你像我一樣，我們在藝術裡尋
> 找的就是：重新去挖掘我們最初領聖體（First
> Communion）。

所謂初領聖體象徵的不外乎是內在的「寧靜」。

問題是「寧靜」是畢卡索的頭號敵人，他一生要戰鬥的
東西，永遠不跟此和解。

最後，馬提斯語重心長的告訴他：

> 這小教堂對我而言是一生創作的巔峰，龐大、真誠，
> 與不易的辛勤灌溉的開花結果，這份勞力不是我選擇
> 的，卻是在我生涯的最後，命運選擇了我，我認為，
> 儘管一切的不完美，我的傑作，我整個一生的努力，
> 在獻身於尋找真理。

馬提斯相信藝術的巔峰在接近神，在接近真理；而畢卡
索的巔峰，一山比一山高，無論如何，他要超越別人，達到
頂尖的成就，總之，他們努力的方向完全不一樣。

如畢卡索自己說的：

> 吞下被毒的東西，然後再消滅毒素。

他似乎吞了一顆毒物，消毒之後，再吞下另一顆，一而

14

再，再而三，一直循環下去，最終，毒素消除了嗎？我想，在那熟練的作戰技巧裡，毒素已越陷越深。

不過，話說回來，畢卡索的創作泉源與充沛的能量就如此而來啊！

鴿子，和平的代言嗎？

今天，若一提到「鴿子」，很容易想到和平，這意象，發明之初倒有一段故事。

1949 年，畢卡索的平版印刷之「鴿」被巴黎世界和平代表大會拿來當海報，自此，「鴿子」成了一個清晰的象徵，溫馴、純潔、真摯的形象在人的內心盤繞。

私底下，畢卡索跟朋友透露，鴿子是一種貪婪，脾氣很壞的動物，他不了解為什麼牠被取來隱喻和平。那麼，此負面到底怎麼轉向慈善的呢？中間誰動的手腳呢？

原來是作家阿拉貢篩選畢卡索的畫，認為「鴿」最好，將「pigeon」換為「dove」，再放進和平的宣傳海報上。從此，圖像展現於世界的舞台，畢卡索搖身一變，變成此鳥的創始人，變成和平與人道主義的代言人。

當阿拉貢將鴿子的形象美化、浪漫化，畢卡索卻搖頭的說：

> 可憐的阿拉貢，一點也不了解鴿子，溫柔的鴿子？真是神話啊，虧他想的出來！沒有比牠們更殘酷的動物，我養過，我知道牠們怎麼把可憐的小鴿啄到死，

　　把牠的眼睛挖出來，拉扯一片一片，真恐怖，這怎麼
　　可能成為和平的象徵呢？

　　連畢卡索本人都不以為然，證明靠著政治機器在後面操
弄，大眾變的盲目，相信宣傳，殘酷一轉，轉成慈悲啊！
　　這正反映了作家奧威爾（George Orwell）在 1984 的諷
刺標語：戰爭就是和平。

CHAPTER 9

新的挑戰

〈吉納薇〉
1951 年
私人收藏

1950（69 歲）

模擬庫爾貝（Gustave Courbet）的〈塞納河畔的女人〉與格列柯的〈一位藝術家的畫像〉，畫下幾個版本。

用垃圾與青銅做雕塑，像〈母山羊〉與〈女人與嬰兒車〉。

8 月，成為瓦洛里的榮譽市民。

11 月，授予列寧和平獎章。

11 月，拜訪倫敦，並到雪菲爾（Sheffield）參加第三屆世界和平會議。

1951（70 歲）

畫〈韓國大屠殺〉，來抗議美國侵略。

放棄 Rue La Boétie 房子，搬到 9 Rue Gay-Lussac。

在瓦洛里做陶瓷。

完成雕塑品〈猴子和她的寶貝〉。

在東京舉行回顧展。

1952（71 歲）

為瓦洛里的和平廟製作兩幅巨大壁畫〈戰爭〉與〈和平〉。

好友詩人保羅・艾華德過世。

與佛朗桑娃的關係惡化。

1953（72 歲）

在瓦洛里創作。

幾個重要展覽分別在羅馬、里昂（Lyons）、米蘭、與聖保羅（Saõ Paulo）各地舉行。

3 月，畫一張史達林的肖像，被共產黨拒絕。

完成一系列的佛朗桑娃頭像與半身像。

帶保羅與瑪亞到佩皮尼昂（Perpignan），與賈桂琳・洛

克（Jacqueline Roque，1926-86）相遇。

9月30日，佛朗桑娃帶著孩子搬到Rue Gay-Lussac。

1954（73歲）

遇見希薇特・戴微（Sylvette David, 1935- ），爲她畫肖像。

驚人的耐力

畢卡索站在畫布前工作，一投注下去，經常就是七、八個小時，耐力相當的驚人。

對此，他爭辯說：

> 那就是為什麼畫家可以活的很長。工作時，我將我的身體留在室外，像回教徒進入清真寺之前脫掉他們的鞋子一樣。

這段話說明他畫畫時，將身體的外殼拋開，全心全意的專注在創作上，所以談不上累。

難怪，畢卡索的頭頂冠上一個光環，給人一種無法征服、魔術師，及能量永不耗盡的形象。

更不朽的媒材

1947年夏天，他遇到創作瓶頸，靈感變的枯竭，伴隨而來的是苦惱與焦慮，爲了逃避，他常常去看鬥牛賽，除此之外，他尋獲另一種新的媒材 —— 陶土，希望藉此點燃創作之

火，他待在穆都拉廠製作陶瓷，使勁了力。

　　畢卡索臆想：考古學家們在挖掘古物，嘗試探索失落的文明，出土的東西大都是陶瓷品，所以它的價值勝於繪畫。他期待未來幾千年後，他的陶瓷能被考古專家從廢墟與地底下發掘出來，也就說他想將「永恆」遺留下來，他要的不僅流芳百世，更要那不朽的價值。

　　有一則傳說這樣的：一位陶瓷巨匠燒掉所有的傢俱，為的是讓窯保持高溫。雖然虛構的，畢卡索卻心有戚戚焉，還自負的說：

> 如果真的需要，我會願意將我的妻子與小孩們扔進窯裡，讓火繼續燃燒。

　　可見，他對陶瓷的愛到了一種瘋狂的地步，願意犧牲家人在所不惜。

　　1948 年 11 月，他的第一個陶瓷個展在 Maison de la Pensée Française 舉行，一些左翼派的擁護者對他作品讚美有加，但就創意而言，藝術價值大減，我們的大師呢？他不以為然的說：

> 他們期望我創作出來的東西是驚奇與恐懼，假如妖怪只有微笑，他們就會失望。

　　沒錯，他的陶瓷品沒有過去的挑釁，沒帶來震撼，讓人無新鮮感，這隻牛沒發怒，觀眾還真不習慣呢！

　　不過，他在線條、樣式、與顏色的使用，簡約多了，像小孩的玩意兒，顯得步入老年回歸的童真。

五公分的隱痛

　　畢卡索進入壯年之後，親友們看他一帆風順，要什麼有什麼，各個興起了羨慕之意。

　　有一天，一位西班牙親戚跟他說：

> 你真幸運，你擁有成功、財富、健康，身邊又有一位漂亮的女人、年輕的小孩 ── 你什麼都有了。

　　或許，你我會想，他聽完之後一定飄飄欲仙，開心的不得了，然而他的反應呢？

　　他回答說：

> 不，一點也不。我還缺五公分。

　　「缺五公分」？什麼意思呢？原來，這代表他長得不夠高，163 公分，「還差一截」成了他心中永遠的痛，也是心理自卑的原因了。

　　說來，畢卡索不甘落於人後，總在探知別的藝術家做什麼，然後想辦法趕上、提升，不論在技巧、主題、或美學概念上都如此。他曾跟馬提斯表白，就是因為不快樂，他才創作的，為了彌補心中的缺憾，他只好築起無窮的雄心壯志，

拼命的、日以繼夜的，在藝術裡永遠搶第一，而這「五公分」正是他背後成功的推手啊！

拾破爛者之王

藝術家高克多描繪畢卡索是「拾破爛者之王」。

之前，他發明平面的拼貼，現在延伸至三度空間，也就是立體的組合雕塑（assembled sculpture），同樣的，他將身邊可取的東西，即使垃圾也好，拿來拼湊，經常，就這樣，製造出意外的效果。

像他 1943 年知名的〈牛頭〉，將一個窄的、沒有彈簧的、兩旁凹陷的皮製腳踏車墊座，及一對彎曲的手把組合一起，然後掛在牆上，仿如一個牛頭。

還有 1950 年的〈母羊〉也是另一個好例子，佛朗桑娃描述：

> 最初，畢卡索興起一個做羊雕像的點子，然後才開始尋找可以利用的東西……每天他到碎片鐵料場，甚至到那兒之前，他會先到所有的垃圾堆搜尋……我習慣走在他旁邊，推著一台舊嬰兒車，他將未來會派上用場的所有垃圾全丟丟進去。

這隻母羊，他用兩個陶瓷奶瓶來充當羊的乳頭，棕櫚樹枝當後背骨，柳枝製的垃圾桶當肚子，藤梗來當角，還有一些鐵管、花盆……等等，運用石膏的基本原型，結果，一頭可愛的母羊站了起來。

這樣的組合雕塑意義，猶如聖餐麵包和葡萄酒在彌撒中
經神父祝聖後轉化，變成耶穌的身體和血。各種媒材，它們
本質與起源，只要畢卡索動一動手腳，東西變活了，這些作
品的重點，不在於美學，而在於藝術家銳利的眼睛，敏感、
機智，反應之快，一種立即性的，知道如何在視覺上震撼人。

少女的拜訪

當畢卡索邁入老年時，還有許多少女粉絲，她們湧過來
要求他簽名，不時拜訪他，其中有一名女學生，叫吉納薇・
拉波特。

在 1944 年，17 歲的吉納薇（學生聯盟的會長，也是學
校期刊的主編）正撰寫一篇文章，專門到畢卡索的工作室採
訪，當時，她問了一些難題，真讓他不知如何是好，譬如共
產黨與藝術的關係，畢卡索含糊其詞帶過，弄的她困惑不已，
回了一句：我不了解。

這句「我不了解」當場激怒了畢卡索，他變的瘋狂，站
起來說：

> 了解！邪惡跟了解又有什麼關係了呢！一張畫需要
> 數學來證明嗎！天啊！那不需要解釋，有什麼好解釋
> 呢！妳「了解」鳥唱的歌嗎？妳「了解」培根與馬鈴
> 薯嗎？

她問他是否讀過馬克思的理論呢？其實，他從未讀過，他

對政治的了解是從詩人艾華德與其他左翼人士那兒學來的。

　　之後，吉納薇經常帶乳酪起士來看畢卡索。幾年過去，他 70 歲，她 24 歲，這次，倆倆成一對情人，他為她畫一些素描，樣子不是睡覺，就是裸身，談起他作畫的神情，她說：

> 當他畫我時，他會戴上眼鏡，就像一個戀愛中的男
> 人，非常柔軟，非常溫情，再來，就完全變個模樣，
> 就算我穿上衣服，都覺得自己脫光一樣。作畫當刻，
> 像一陣颶風，畫完時，拿下眼鏡，害羞的將畫拿給我，
> 要我看看成果，在那一剎那，颶風消失了。

　　畢卡索的魅力在於作畫的過程，正如狂風那樣震憾，女人在他面前，像被剝的光光，有被強暴的快感。

　　1954 年，她出版一本詩集，裡面放進他畫的素描。跟佛朗桑娃特的態度不同，吉納薇談起畢卡索，內心充滿甜蜜：

> 除了我，他從來沒畫過女人微笑的樣子，我認為他畫
> 我，是「畢卡索的溫柔時期」。

　　她的認知跟畢卡索是雷同的，他曾向人表示：「跟她在一起，都是甜與蜜，她就像一個釀蜜箱，但沒有蜂。」甜甜蜜蜜，不會叮人，在一塊時，全是笑，全是歡樂，那就是為什麼在他心裡，她代表著迷人的微笑。

　　他們的情愛維持兩年左右，吉納薇之後成為一位有名氣的導演兼詩人，如今她還活著，已經 86 歲了，現在，當談到

這位舊情人，她依然說：

> 我相信我是畢卡索生命中唯一深邃的愛，也許是最後的愛。

可見，這位情人還死心塌地的愛著他，護著他，執意她是唯一。

魔術山的崩塌

佛朗桑娃決定跟畢卡索在一起時，好友艾莉括特警告她：妳在夢遊，將走向毀滅。

佛朗桑娃與這位巨人生活，一段日子之後，發覺自己像聖女貞德一樣，每天從早到晚穿上盔甲，經歷一場接一場的身體與精神的大考驗，不知怎麼的，她身子越來越差，但畢卡索討厭女人生病。有他在身邊，她感到不舒服，還指控他，說為了控制她，他要她懷孕，也說他背叛朋友，對人常用命令的口吻，讓週遭的人不好過。

畢卡索本身是一個太陽，對接近他的人來說，他主控點火、燃燒、毀滅，甚至化為灰燼，佛朗桑娃也認清了他毀滅的本性。

私密時，稱彼此的情愛像一座「魔術山」，但九年的起起伏伏，這座山終於在 1952 年崩塌了，關係也告吹。

1964 年，為了復仇，她出版一本《與畢卡索在一起的生活》公開跟畢卡索對抗，她將藝術家刻劃成自負、幼稚、厭

惡女人的男人，她記載畢卡索得意洋洋的說：

> 對我而言，只有兩種女人，不是女神，就是門墊。

「門墊」的觀念在他的情愛與藝術裡扮演著關鍵的角色，佛朗桑娃表示他有糟蹋女人的傾向，想砍掉她們的頭，然後再好好的收藏到他私人博物館，儼然有一種「藍鬍子」的情節。

今年 91 歲的佛朗桑娃住在曼哈頓的一間公寓裡，四處掛滿自己的畫，是一個獨立自主的藝術家，前一陣子在接受訪問時，她表露當初為什麼要離開畢卡索，帶著兩個孩子一走了之：

> 我有我自己的經歷，那是我的權力，絕不能活在別人的生活裡，我不會被約束，我可以享有自由，那是很重要的，否則我將變成什麼呢？難道要我當一個照料博物館的人嗎？

她隱喻若繼續跟他待在一起，下場絕對會失去自我，更何況她了解畢卡索那一套東西，已過時了，再也無法啟發她，在她眼裡，他早屬於博物館的古物或歷史的紀念碑了。

蒙上孤寂的黑

佛朗桑娃離家出走的那年冬天，畢卡索整個人陷入了黑

色時期。

　　他再次用西班牙文寫一些詩，風格很超現實，內容充滿了孤寂、暴力，與悲慟，其中一首是這樣：

> 埋葬的黑色小騾開始按鈴，在火裡製造冰冷，在角落坐著或躺著裸女，散著零星的東西，不畏縮的被彩虹顏色切割成碎片，一個紙板男孩吐出鬥牛士的衣裳，打開路上油質的燈泡，車輪的齒受了傷，凝視下沉到了眼之井，指甲用太陽敲擊屋頂。

　　此刻的太陽、彩虹，與燈泡不再是溫暖的象徵，而是傷人的武器，黑、冷、氣憤，與傷痕累累散漫了開來。

　　除此之外，也畫了一系列的繪圖，約有 180 張，這些作品被法國超現實作家雷里斯（Michel Leiris）描述成：

> 是地獄的景象，是可憎季節裡的視覺日記，他私生活的危機讓他質疑每件事。

　　危機？指的是佛朗桑娃的離去，以往，沒人敢對大師如此，親友、妻子、情婦，人人將他捧上天，不敢激怒他，是個天之驕子，但，佛朗桑娃的無情，簡直在他面前賞了一巴掌，瞬間，像墮入地獄，腦子起不了色彩，全是一片黑。

綁馬尾的女孩

隔年 4 月，他找到另一個春天，這回是 17 歲的女孩希薇特，她全身上下非常的性感 —— 蓬鬆的金髮、綁著馬尾、長雀斑的臉龐，及長長的脖子，這些特徵迷惑了畢卡索。

好幾個月，她每禮拜會去看他一兩次，每次大約待上兩三個鐘頭，他的工作室有堆積如山的藍色 Gitanes 香煙盒，她描述：

> 他那時 73 歲，當他看我時，我感覺他的年輕……，他帶我到一個小房間裡，那兒有一張床與一扇窗，他跳上床，動作非常敏捷，我想他要我跟他一起在上面跳，像小孩子一樣。

還有一次，畢卡索帶她到一個穀倉，裡面有一台古老的 Hispano-Suiza 車子，他們一塊兒坐在後座，他告訴她許多故事，像在西班牙的成長與巴黎的年輕歲月，說他愛寫詩，愛他的寵物，包括猴子、羊、狗，也對馬戲團感興趣。講到馬戲團，我們都知道雜技演員與丑角是他早期作品裡重要的角色。

希薇特說畢卡索有赤子之心，像父親一樣，很甜，也處處呵護她，她還說：

> 因為有他，我如蒙娜麗莎一樣，永遠被人記憶，覺得

自己在雲端上跳舞似的。

她始終很感謝畢卡索，讓她的人生不凡。

如今，所有屬於畢卡索的東西，包括他送她的畫、黑白照片與無數的剪報，被她放在一只皮箱裡，她稱：「記憶的手提箱」，雖然已磨損不堪，但她十分珍藏這段甜美的回憶。

CHAPTER 10

黄昏的餘暉

〈人頭〉
1971 年　油彩，畫布
73 x 60 公分
私人收藏

1954（73 歲）

在瓦洛里跟佛朗桑與孩子們相處，並跟賈桂琳交往。

帶保羅與瑪亞到佩皮尼昂。

跟佛朗桑娃分手，賈桂琳搬進來。

11 月 3 日，馬提斯過世。

11-12 月，模擬德拉克洛瓦的〈阿爾及爾的女人〉，完成 25 幅畫。

1955（74 歲）

妻子歐嘉在坎城過世。

與賈桂琳到普羅旺斯（Provence）。

大型回顧展在巴黎、慕尼克、科隆，與漢堡舉行。

買下坎城的卡利佛尼別墅（La Californie）。

搬到蔚藍海岸。

與導演亨利-喬治・克魯佐（Henri-George Clouzot）及克勞德・雷諾阿（Claude Renior）（印象派畫家雷諾瓦的兒子）合作，拍一部電影「畢卡索之謎」（Le Mystère Picasso）。

1956（75 歲）

以工作室為主題，創作一系列作品，包括〈坎城的工作室「卡利佛尼」〉、〈工作室的賈桂琳〉……等等。

用木頭組合，成一大件青銅雕塑〈浴者們〉。

在瓦洛里跟陶工慶祝生日。

寫信給共產黨抗議蘇俄侵略匈牙利。

1957（76 歲）

展覽在紐約、芝加哥，與費城舉行。

在卡利佛尼工作室，模擬委拉斯蓋茲的〈宮女〉，產生

45 個版本。

經邀請為巴黎的聯合國教科文組織總部（UNESCO）製作壁畫。

1958（77 歲）

完成一張壁畫〈伊卡洛斯的墜落〉，掛於聯合國教科文組織總部。

完成名畫〈牛頭骨與靜物〉。

9 月，在艾克斯（Aix-en-Provence）附近買下沃維納格（Chateau Vauvenargues），1959 到 1961 年間，偶爾到此創作。

1959（78 歲）

在沃維納格工作室畫畫。

6 月 5 日，阿波利奈爾紀念碑揭幕（位於 Saint-Germain-des-Prés 的教堂附屬庭院），親臨現場。

8 月，用各種媒材，模擬馬奈的〈草地上的午餐〉，完成好幾個版本。

做橡膠版畫。

1960（79 歲）

回顧展在倫敦泰德美術館舉行，陳列 270 件作品。

用金屬片設計巨大雕塑品，用硬紙板設計模型。

1961（80 歲）

3 月 2 日，娶賈桂琳。

搬到坎城附近的聖母院別墅（Notre Dame de Vie）。

在瓦洛里慶祝生日。

用金屬薄片創作。

1962（81 歲）

　　畫賈桂琳的肖像，超過 70 幅以上。

　　第二次授予列寧和平獎章。

　　設計巴黎的芭蕾舞劇。

　　做橡膠版畫。

　　開始模擬普桑與大衛（Jacques-Louis David）畫過的薩比奴女人，直到隔年，共完成好幾個版本。

1963（82 歲）

　　完成各式版本的賈桂琳肖像。

　　以畫家與模特兒為主題，製作一系列畫。

　　畢卡索博物館在巴塞隆納開幕。

　　布拉克與高克多相繼過世。

1964（83 歲）

　　跟兩個小孩關係撕裂，因佛朗桑娃出版一本回憶錄《與畢卡索在一起的生活》。

　　作品在加拿大與日本展出。

　　完成巨大雕像〈一個女人的頭〉模型（為 1967 年設在芝加哥的新市民廣場而做）。

1965（84 歲）

　　以畫家與模特兒為題，畫一系列的作品。

　　畫風景畫。

　　在塞納河畔訥伊（Neuilly-sur-Seine）開刀。

　　最後一次到巴黎。

1966（85 歲）

　　繼續畫畫。

夏天，複製畫作。

畫作與雕塑的回顧展分別在巴黎大皇宮（Grand Palais）與小皇宮（Petit Palais）舉行，超過 700 件作品展出。

專心研究林布蘭特的作品，特別〈夜巡〉一作。

1967（86 歲）

拒絕法國榮譽軍團勳章（Legion of Honour）。

從 Rue des Grands Augustins 的工作室趕出去。

展覽在倫敦與紐約進行。

1968（87 歲）

薩巴特過世。

58 張《宮女》系列畫作送給巴塞隆納博物館。

3-10 月，完成 347 張蝕刻畫。

1969（88 歲）

完成許多畫，主題包括：人臉、情侶、靜物、裸女、抽煙者……等等。

1970（89 歲）

5 月，生前最後的展覽於亞維儂的教皇宮（Palais des Papes）舉行。

他西班牙家族成員將他的畫與雕像捐給巴塞隆納的畢卡索博物館（包括拉科魯尼亞與巴塞隆納時期的作品）。

1971（90 歲）

慶祝生日。

1972（91 歲）

將 1928 年完成的鐵線構成品捐給紐約現代藝術博物館。

秋天，因肺部感染入院。

1973（92 歲）

4 月 8 日，死於慕冉。

4 月 10 日，葬於沃維納格城堡之下。

陪走最後一程

當 1952 年，畢卡索與佛朗桑娃關係惡化，他在陶瓷工場，認識了一名能講西班牙文的推銷員，名叫賈桂琳‧洛克，人長得嬌小，比畢卡索矮五公分，有著一雙淡褐色的眼睛，剛離婚，育有一個六歲的女兒，她原先住在一間 Ziquet 小屋，畢卡索好一陣子稱她 Z 夫人。

在畢卡索未娶賈桂琳進門前，沒名分之下，她忍受將近十年的委曲求全，頗像後宮的女子，這形像也裝進了畢卡索的腦袋。就在 1954 年 11 月，馬提斯去世時，留給他一些畫，主題跟後宮女有關，這也觸發他模擬德拉克洛瓦的〈阿爾及爾的女人〉，形塑了一系列驚人之作，包括 15 張油畫與 2 張平版印刷，這些阿爾及爾的女人是後宮女子，其實也是賈桂琳的化身。

賈桂琳原本嬌小苗條，漸漸的被養的肥胖、結實，幾近中年的福態，但另一方面，她的身體，時好時壞，畢卡索經常畫她，大都介在生病與恢復周期的各階段，他說：

> 不很奇怪嗎？當她生病時，我在畫裡描繪她再次好起來的樣子。

　　畢卡索不喜歡病厭厭的模樣，賈桂琳知道這一點，假裝一切沒事，看樣子，她難活出自我，那份青春與活力又怎能釋放呢？

　　是的，如後宮女子，她扮演秘書、負責剪報、接電話、跟媒體聯繫，與護士的角色，內心苦，又易嫉妒，滋味實在不好受，只要人來探訪畢卡索，她會在門後偷聽談話。

　　結婚之後，賈桂琳的地位升格了，這時，她不鼓勵畢卡索常跟親生小孩連絡，特別是佛朗桑娃的兒女，霸佔心之強，可看出她多麼渴望畢卡索的愛，也總稱自己丈夫晚年的作品為：「我們的孩子。」

　　他們住在聖母院別墅，二樓有一扇窗子，她常站在那兒，往下探望畢卡索作畫的樣子。1962 與 1963 年，他為她創作了 130 件以上的肖像，他對她的依賴越來越大，就算她小他四十五歲，他開始叫她：「媽媽」，越老越頑童，賈桂琳的身份由原先的小情婦，轉換母愛的流露。

　　1971 年，畢卡索過了他的 90 歲生日，攝影家布拉塞（George Brassaï）觀察賈桂琳，在《費加羅報》（Le Figaro）寫說：

　　　她沉著、平靜，與奉獻，是高齡的畢卡索的理想伴侶。

　　這是個謊言，自畢卡索步入老年，布拉塞能自由出入他的世界，對他的生活瞭若指掌，對賈桂琳也有相當的透視，但他選擇掩飾，為大師維持一個「完美形象」。她的情緒時常起起伏伏，稱不上沉著，若說內心波濤洶湧，一點也不為

過啊！

　　然而，她對畢卡索的奉獻之心是至真、至誠、至愛的，直到終了。

神秘的畢卡索

　　1955 年，他搬進坎城的卡利佛尼別墅，沒多久後，他與導演亨利-喬治・克魯佐和克勞德・雷諾阿合作，拍下一部電影 ——「神秘畢卡索」。

　　幾個禮拜的拍攝過程，畢卡索本人只負責在攝影機面前作畫，隨他怎麼班門弄斧，都無妨，在這部影片中，這位天才的膚色呈古銅，粗矮的個子、雄壯的模樣，腳穿上一雙拖鞋，土耳其樣式，發光的禿頭，整體給人兩種感覺：像神秘的非洲巫醫，又像權威的羅馬皇帝。

　　克魯佐問：你從事的領域讓你快樂嗎？

　　畢卡索答：我覺得我畫的不錯，快樂，快樂，但是畫表現的太過於外，我必需深入才行，就算冒再多風險都沒關係，我想展現一張畫背後所有的可能性。

　　克魯佐：那太危險了。

　　畢卡索：但危險就是我所愛的，你必需冒風險，這樣才可讓井底的真理嚇一跳。

　　拍攝時，他興奮、混淆、質疑，他使力、流汗、緊張，到最後疲憊、衰竭。

　　克魯佐採用繪圖與畫作的分析方式，屬於漸進式的，按照時間前後順序，將這位偉大的藝術家的性格、創意，與源

源不絕的能量呈現在觀眾的眼前。克魯佐說想藉由此電影達
到一個教學的目地，想獻給所有愛藝術的人。

倒是，畢卡索對「教學」一詞感到乏味，卻反應：「我
只想做一部卡通片！」我想，這句幽默，背後揭露的是他的
藝術態度 ── 丑角的玩意兒！

模擬的意義

邁入 60 歲之後，畢卡索開始模擬一些作古大師的名畫，
像他 1942 年的〈裸女與音樂家〉參照安格爾的〈宮女和奴
僕〉；1950 年，完成一幅〈模擬庫爾貝的塞納河畔的女人〉；
1951 年，從哥雅的〈五月三日〉得到靈感，畫下一張〈韓國
大屠殺〉，來抗議美國的侵略行動。

另外，1957 年 8 月 20 日到 11 月 17 日將近三個月，他
在卡利佛尼工作室裡，模擬委拉斯蓋茲的〈宮女〉，創作好
個不同的版本。1959 年 8 月，他又模擬馬奈的〈草地上的午
餐〉，緊接也完成了幾個樣式。

畢卡索年輕氣盛時，一直遠離大師們的傑作，但在生命
的最後三十年，他卻對這些起了濃厚的興趣，從中尋獲靈感，
根據我的觀察，這有四個階段：

一，在靈感乾枯，好一陣子畫不出來，他回想起小時候
父親教他模擬文藝復興的名作，又帶他到馬德里普拉多美術
館的經驗，在那藝術殿堂，大師們的精華是他曾吸吮過的，
但遺忘了好久好久，如今再次來敲打他的心門，那是甩不掉
的印記啊！他說：

> 當我三歲時，就可以畫的像大師如拉斐爾（Raphael），
> 然而，我真的花了一生去學習，要像他們一樣好。

是的，他用半世紀以上的時間來體驗，才知古人了不得。

二是對藝術一事產生疑惑，他說：

> 藝術，實在夠了，是藝術殺了我們，人們不再想畫畫
> 了：他們製作藝術，人們想要藝術，而他們為了藝術
> 而做，但是，越少藝術，就越多畫。

現代藝術的弊病，為製造而製造，已失去繪畫的精良技藝，其實他懷疑的不僅是整個藝術的大環境，也在質疑自己過去所做的。

三是跟傳統大師發生衝突，竟打起架來，特別對委拉斯蓋茲，這讓 76 歲的畢卡索十分沮喪，我們都知道委拉斯蓋茲是西班牙最偉大的畫家，而畢卡索自認是畫界的龍頭老大，王對王碰了頭，他感受爭鬥之厲害，因此大發雷霆，揮起了刀，似乎想致委拉斯蓋茲於死地，但由於對方的畫功超人，氣勢過盛，在戰鬥的過程中，畢卡索受重傷，瘀青累累的，最後身體也惡化。

賈桂琳知道丈夫的情緒，稱這段期間為「在卡利佛尼二樓的搏鬥」，這創作歷程也被藝評家約翰·瑞雀森記錄了下來，他描述畢卡索與委拉斯蓋茲的關係「是衝突的，企圖想征服，一場戰爭。」沒錯，畢卡索發飆，急迫要贏得這場戰

役。

　　四是準備殺掉現代藝術，約 1963 年，畢卡索 82 歲時，
說：

> 每件事都變了，一切都完了，畫是某種東西，不同於
> 我們過去相信的，甚至走反方向。

　　之前他與委拉斯蓋茲爭霸，元氣大傷，全因前輩那擊不
破的功力，深知現代藝術不如過去，他宣佈要「殺掉」現代
藝術，然後重新發掘繪畫。

　　值得一提的是，比這早十五年，一位年輕的藝術家達利
（Salvador Dali）已先見之明的講出：「這是一個藝術墮落、
平庸，與糞便的年代。」準備以拯救現代藝術做為他一生的
志業，達利精湛的繪畫技巧與迷狂的想像力，最後也「謀殺」
了現代藝術。

　　以上四個階段，說明了畢卡索最後三分之一的生涯，找
到對藝術的省思。

慾望依然存在

　　1965 年，畢卡索因胆囊與攝護腺病變開刀，他眼睛與耳
朵有衰退的跡象，從此，老年、病痛，與死亡的陰影不斷的
跟隨著他。

　　身旁的人奉勸他不要喝酒抽煙，少對女子起色心，但他
不贊同這些勸言，他的心絕對不走平靜之路，就如他一位叫

曼努埃爾（Manuel）的親戚所言：

> 他有戰士般的精神，白天抗爭，晚上通姦。

關於此，有一次他遇到攝影家布拉塞，說了以下這段：

> 每回當我一看到你的時候，我第一個反射動作就是將手伸到口袋裡，準備遞給你一根煙，雖然我知道我們再也不抽煙了，年紀逼使我們放棄，但是那慾望卻還存留！跟做愛一樣，我們現在不再做愛了，但是慾望依舊跟著我們。

對我而言，這是一段很感動的表白，慾望的存留證明青春之火的不滅。

畢卡索可說是越老越色，像 1968 年 3 月到 10 月，他創作一系列的蝕刻畫，約 347 張，內容有妓女院的景象；有西班牙小說裡的老鴇瑟莉堤娜（Celestina），即是娼妓的原型；也有拉斐爾與情婦弗娜芮納（Fornarina）的性交場面；也有男子的偷窺模樣……等等，這一系列的蝕刻畫稱之為「性愛」。

他 1969 年的創作也充斥著情侶們的親吻與交歡，1970 年到 1972 年，他更以竇加的偷窺角度，畫下一張又一張的妓女院的色情。

人老了，需要認老嗎？若跟自然妥協，沉靜無波，又怎能創作，畢卡索知道唯獨保有年輕之心，對性持有高度的慾望，才能刺激更多源源不絕的好作品。

展覽到底怎麼一回事

畢卡索一生個展無數，每回都興興然的，但 80 歲時，他的態度有了轉變。

1960 年，策展人潘若斯在倫敦的泰德美術館舉辦一場別開生面的畢卡索回顧展，邀請他參加開幕典禮，畢卡索卻拒絕了，還表示展的全是自己的作品，都看過，都知道了，還有必要去嗎？

六年後，他的畫作與雕塑分別在巴黎大皇宮與小皇宮展出，作品超過 700 件以上，這兩場重要的回顧展，他也興趣缺缺。

畢卡索基本上已厭倦展覽，也不喜歡到向他致敬的典禮上，他說：

這些沒有一點用途，畫、展覽 —— 這一切在幹什麼呢？

他晚年的心聲，如希臘羅馬神話那位推石頭上山的西西弗斯（Sisyphus），把大石推到山頂後，又滾下來，再推上去，如此重覆，沒有終結的一天，他表示：

最糟糕的是，沒有一刻能輕鬆的說：「我已經做的不錯，明天是星期日。」只要一停下來，又要再開始，你把一張畫放在一邊，說你不要碰它了，但是你就是永遠無法結束。

就像存在主義闡述的，畢卡索身陷在逃不出去的封閉世界，但推石子就成了生命的意義。

直到 85 歲，還能每天完成兩幅畫，數量多寡、速度快慢、獨創與否、巨大或袖珍，是次要的了，他只有一個想法：工作。他畫畫如呼吸一般，若問何謂放鬆，他會回答：**創作**；那麼，若問什麼讓他感到疲倦，他會二話不說：**做其他事或招待客人**。

年老時，名利雙收，對外的爭霸結束了，內在的戰鬥正開始，只求繼續工作，直到斷氣為止。

死後的遺憾

當畢卡索活著時，預言離開人間後的景況：

> 在我死時，將會有個船難，像一艘巨大的船沉了下去，許多圍繞在旁的人也會被吸下去，一同沉淪。

畢卡索走時，留下近五萬件以上的作品，打破了世上藝術家產量最多的記錄，當時的財產預估有兩億六千萬美金。但由於沒有立下法定繼承人，死後約有四年，折騰了一番，財產分配才搞定，然而這過程，妻子與情婦們，及四個孩子為此爭來爭去，關係撕毀，弄的四分五裂。

不僅如此，1977 年 10 月 20 日，瑪麗－德雷莎上吊自殺，那天是她與畢卡索相遇五十週年，也留下一封信給女兒，寫

道她與畫家之間有一種「無法抗拒的慾望」。這理由讓她繼續愛，當一人走後，另一人也隨之而去，值得一提的是，1973年4月，在畢卡索死前的一個禮拜，寄出最後信簡，向她表白：妳是我這一生僅僅愛過的女人。

另外，1986年，遺孀賈桂琳為畢卡索籌備一個大展，10月16日早上3點，在開幕前一刻也舉槍自殺，在丈夫死後，沒有他的日子，生命黯淡，剩下的只是殘骸而已，對她，唯一的活路就是死亡吧！

這位巨人的離去，就如他所預言的，全部沉淪，就算不死，也永遠活在他的詛咒與陰影底下了。